SPAZIERGANG 1: ZENTRUM ALTSTADT

Das vornehme historische Zentrum Wiens muss man einfach gesehen haben, denn hier liegen die Anfänge der Stadtgeschichte. Der Spaziergang führt Sie zum prächtigen Stephansdom, durch mittelalterliche Gassen und vorbei an eleganten Geschäften und traditionellen Wiener Kaffeehäusern.

SPAZIERGANG 2: ZENTRUM HOFBURG

Die Hofburg, die riesige Winterresidenz von Kaiserin Sissi, ist märchenhaft schön. Die exklusiven Einkaufsmeilen auf dem Kohlmarkt und am Graben locken mit teuren Geschäften. Die Gegend rings um den Judenplatz erinnert an ein weniger schönes Kapitel der österreichischen Geschichte.

SPAZIERGANG 3: WIEDEN & MARGARETEN

Margareten mit den kleinen Designershops und netten Cafés ist das Alternativ-viertel Wiens. Highlight ist der Naschmarkt mit seinen exotischen Köstlichkeiten. Im ruhigen Stadtteil Wieden liegen das beeindruckende Schloss Belvedere sowie die Konzertsäle berühmter Orchester.

SPAZIERGANG 4: KARMELITER & LANDSTRAßE

Die Gegend um den Karmelitermarkt ist der Hotspot Wiens. Hier wimmelt es von kultverdächtigen Cafés und Designerläden. Im weitläufigen Augarten, im romantischen Stadtpark oder in den Strandbars am Donaukanal vergisst man die Großstadt. Im Stadtteil Landstraße liegt das bunte Hundertwasserhaus.

SPAZIERGANG 5: NEUBAU & MARIAHILF

Für Shopaholics ist dieser Spaziergang ein Riesenvergnügen. Links und rechts der größten Einkaufsstraße Wiens, der Mariahilfer Straße, gibt es unzählige Modeshops und schöne kleine Geschäfte. Kulturfans kommen im MuseumsQuartier auf ihre Kosten.

SPAZIERGANG 6: ALSERGRUND, JOSEFSTADT & OTTAKRING

Alsergrund ist das Universitätsviertel Wiens mit einem schönen Campus. Im Studentenviertel Josefstadt gibt es gemütliche Kneipen und nette Boutiquen. Ganz anders gibt sich der bunte Brunnenmarkt mit dem benachbarten Yppenplatz: In den Multikulti-Restaurants kann man toll essen.

1 0 0 % W I E N

In Wien gibt es so viel zu erleben. Aber wo beginnen? Natürlich will man
das berühmte Schloss Schönbrunn besichtigen, *den Kuss* von Gustav Klimt
bewundern und in einem typischen Wiener Kaffeehaus Sachertorte essen. Aber
es gibt noch viel mehr. Wien, das ist auch das moderne MuseumsQuartier,
die einzigartige Atmosphäre auf dem Naschmarkt, prachtvoller Jugendstil, ein
Cocktailabend im angesagten Nachtclub oder eine Vorstellung der Wiener
Staatsoper. Der 100 %-Guide zeigt Ihnen ganz genau, was Sie auf keinen Fall
verpassen sollten. Sightseeing & Shopping, Ausgehen & Abenteuer – die
übersichtlichen Stadtpläne weisen Ihnen den Weg.

AUF 6 SPAZIERGÄNGEN 100 % WIEN ERLEBEN!

INHALT

100 % übersichtlich

Entdecken Sie 100 % Wien auf sechs Spaziergängen. Jedes Kapitel im 100 % Guide ist einem Spaziergang gewidmet. Am Kapitelende finden Sie eine Karte mit der Kurzbeschreibung des Spaziergangs. Auf der Karte in der vorderen Umschlagklappe sehen Sie die sechs Kartenausschnitte im Überblick. Dort finden Sie anhand der Buchstaben Ⓐ bis Ⓩ alle Hotels sowie die Sehenswürdigkeiten und Ausgehtipps, die nicht auf einem der Spaziergänge liegen.

In den sechs Kapiteln beschreiben wir ausführlich, welche Sehenswürdigkeiten Sie auf den Spaziergängen entdecken können und wo man gut essen, trinken, shoppen, feiern und relaxen kann. Alle Adressen sind mit einer Nummer gekennzeichnet, die Sie im Stadtteilplan am Ende des Kapitels wiederfinden. An der Farbgebung der Nummer können Sie erkennen, zu welcher Kategorie die jeweilige Adresse gehört:

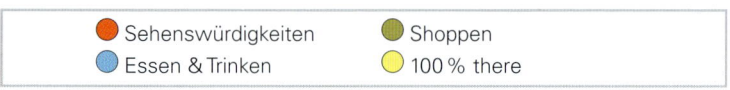

● Sehenswürdigkeiten   ● Shoppen
● Essen & Trinken   ● 100 % there

SECHS SPAZIERGÄNGE

Jedes Kapitel endet mit einer Kurzbeschreibung des Spaziergangs, der – ohne Zwischenstopp – maximal drei Stunden dauert. Auf den einzelnen Stadtteilplänen sehen Sie den genauen Verlauf der Route und können die Länge anhand des Maßstabes ungefähr bestimmen. Die Wegbeschreibung links neben dem Stadtplan führt Sie entlang der Sehenswürdigkeiten zu den schönsten Adressen. So entdecken Sie fast nebenbei die besten Shopping-Gelegenheiten, die nettesten Restaurants und die angesagten Cafés und Bars. Wer irgendwann keine Lust mehr hat, der Route zu folgen, kann mithilfe der ausführlichen Tipps und Pläne auch wunderbar auf eigene Faust Entdeckungen machen.

PREISANGABEN BEI HOTELS, CAFÉS UND RESTAURANTS

Um einen Eindruck von den Hotel- und Restaurantpreisen zu geben, wurden Preisangaben in die Adressinformationen aufgenommen. Bei Hotels beziehen sich die Beträge (sofern nicht anders angegeben) auf den Preis für ein Doppelzimmer pro Nacht einschließlich Frühstück. Bei den Restaurants wird jeweils der Durchschnittspreis für ein Hauptgericht genannt, bei Cafés der Preis für eine Melange (der typische Wiener Kaffee) oder ein Glas Wein.

GEPFLOGENHEITEN

Jeder kennt das klassische Wien-Bild mit Sissi, Pferdekutschen und Prachtbauten. Dass Wien aber auch eine sehr moderne Stadt ist, ist weniger bekannt. Hier gibt es zahlreiche Designer-Boutiquen, ausgefallene Geschäfte und trendy Restaurants. In den Sommermonaten, von Mai bis Mitte September, kann man in einer der vielen Strandbars am Donaukanal Cocktails trinken. Im Winter, von Mitte November bis zum 24. Dezember, werden überall in der Stadt Weihnachtsmärkte aufgebaut. Die Wiener lieben es, abends über diese Märkte zu schlendern und einen Punsch zu trinken.

Die Wiener wissen das gute Leben zu schätzen. Kaffeehäuser, Kneipen und Restaurants sind auch unter der Woche gut besucht. Die Esskultur in Wien hat sich in den letzten Jahren gewandelt. Natürlich gibt es nach wie vor die traditionelle österreichische Küche mit Fleisch, Kartoffeln und Soßen, aber seit einiger Zeit eröffnen immer mehr internationale Restaurants und zeitgemäße Bistros in der Stadt. Biologisches Essen hat für den Wiener einen hohen Stellenwert. Entsprechend groß ist die Zahl der Restaurants, in denen ausschließlich biologische Produkte verwendet werden. Meist wird mittags eine warme Mahlzeit gegessen, zu der es Bier oder Wein gibt. Die Weine aus der Gegend sollte man unbedingt probieren! Die Restaurantpreise sind in der Regel moderat. Für ein einfaches Hauptgericht zahlt man rund acht Euro und bei den Portionen wird nicht gegeizt. Tipp: Sie sollten genug Bargeld bei sich haben, denn es gibt noch viele Restaurants, die keine Kreditkarten annehmen.

Die Zigarette zur Tasse Kaffee ist vielen Wienern heilig. Das bedeutet, dass in manchen Cafés und Restaurants noch geraucht werden darf, obwohl dieses Thema heiß diskutiert wird. Offiziell muss es in Lokalen einen Raucher- und einen Nichtraucherbereich geben. In der Praxis ist das jedoch nicht immer so.

Die Wiener mögen es süß. An jeder Straßenecke gibt es eine Konditorei mit unwiderstehlichen Köstlichkeiten wie Sachertorte, Apfelstrudel und Krapfen. An vielen Plätzen stehen außerdem Würstelstände mit u. a. Käsekrainern, mit Käse gefüllten Bratwürsten.

In Wien gibt es zahlreiche Museen. Auch viele Festivals und Veranstaltungen werden organisiert. Näheres hierzu erfahren Sie unter *www.vienna.info*.

WISSENSWERTES

Geschäfte sind im Allgemeinen werktags von 10.00 bis 18.30 Uhr und samstags von 10.00 bis 17.00 Uhr geöffnet. Sonntags ist alles geschlossen. Viele kleine Boutiquen schließen – außer im Dezember – an Samstagen bereits um 13.00 Uhr. Museen sind meist montags geschlossen.

Wenn Sie öffentliche Verkehrsmittel nutzen und viele Museen besuchen möchten, lohnt die Anschaffung einer Vienna Card. Mit dieser Karte können Sie drei Tage lang uneingeschränkt U-Bahn, Straßenbahn oder Bus fahren. Außerdem erhalten Sie in Museen und in vielen Cafés, Restaurants und Theatern Ermäßigungen. Die Karte kostet 18,50 Euro und ist in den meisten Hotels und beim Touristenbüro auf dem Albertinaplatz erhältlich. Auch an großen U-Bahn-Stationen wie Westbahnhof und Landstraße/Wien Mitte kann man die Karte kaufen. Unter *www.wien.info/de/reiseinfos/wien-karte* finden Sie alle Informationen.

NATIONALE FEIERTAGE

Es gibt einige österreichische Feiertage, an denen Geschäfte in der Regel geschlossen sind und für Sehenswürdigkeiten andere Öffnungszeiten gelten können. Neben dem Neujahrstag, Ostern, Himmelfahrt, Pfingsten und Weihnachten gibt es in Österreich die folgenden Feiertage:

6. Januar	Dreikönigstag
1. Mai	Tag der Arbeit
2. Do nach Pfingsten	Fronleichnam
15. August	Mariä Himmelfahrt
26. Oktober	Nationalfeiertag
1. November	Allerheiligen
8. Dezember	Mariä Empfängnis

HABEN SIE NOCH TIPPS?

Dieser 100 %-Guide wurde mit größtmöglicher Sorgfalt zusammengestellt. Das Angebot an Geschäften und Gastronomiebetrieben wechselt in Wien jedoch ständig. Sollten Sie einen bestimmten Laden oder ein Lokal wider Erwarten nicht mehr antreffen oder sonstige Tipps und Hinweise zu diesem Buch haben, schreiben Sie uns unter *www.100travel.de*. Auf dieser Webseite finden Sie alle Aktualisierungen und Ergänzungen zu den 100 %-Guides.

Last but not least möchten wir noch mitteilen, dass keine der vorgestellten Adressen für ihre Erwähnung bezahlt hat, weder für den Text noch für die Fotos. Alle Texte wurden von einer unabhängigen Redaktion geschrieben.

Hotels

Stilvoll nächtigen ist in Wien überhaupt kein Problem. Die historischen Gebäude an der Ringstraße beherbergen viele vornehme und exklusive Hotels. Doch auch die Hotels der Mittelklasse sind meist gut und preiswerter, wenn man rechtzeitig bucht. Der Service ist in der Regel überall hervorragend. Eine Übersicht über die Übernachtungsmöglichkeiten finden Sie u. a. im Internet unter *www.vienna.info* und *www.tiscover.com/wien*.

Wir stellen Ihnen hier einige unserer Lieblingshotels vor. Die jeweiligen Buchstaben sind in der Übersichtskarte am Anfang dieses Buches eingetragen. Die Preise beziehen sich (sofern nicht anders angegeben) jeweils auf ein Doppelzimmer pro Nacht mit Frühstück.

NIEDRIGE PREISKLASSE

(A) Die Auszeichnung als bestes Hostel der Welt hat die Popularität des **Wombat's** noch gesteigert. Zur Auswahl stehen drei Standorte: The Base, The Lounge und The Naschmarkt. Alle drei Hostels bieten große und helle Doppelzimmer mit eigenem Bad, außerdem gibt es eine gemütlich Bar, in der jeden Abend die Party abgeht.
grangasse 6 (the base), www.wombats.at, telefon: 01 8972336, preis: ab 53 € (schlafsaal ab 14 € pro person), u-bahn: westbahnhof

(B) Das **Carlton Opera Hotel** befindet sich in einem historischen Jugendstilgebäude, mitten im angesagten Freihausviertel. Dieses Hotel ist nicht, wie der Name vermuten lässt, Teil der bekannten Hotelkette. Hier sind die Zimmer eher klein, doch sauber, und in manchen von ihnen sind noch Originalelemente wie Holzdielen, hohe Decken und Art-nouveau-Lampen erhalten. Eine bezahlbare Unterkunft in Zentrumsnähe!
schikanedergasse 4, www.carlton.at, telefon: 01 5875302, preis: ab 80 €, u-bahn: kettenbrückengasse

WOMBAT'S Ⓐ

Ⓒ Wer ein Designhotel mit günstigen Preisen sucht, der ist im **Roomz** genau richtig. Die Zimmer sind farbenfroh, schlicht und mit Freude am Detail eingerichtet. Auch die Ausstattung (Flat Screen, Wireless Lan und Tresor für den Laptop) kann sich sehen lassen. Man wird vielleicht nicht ganz so zuvorkommend behandelt wie in den teureren Designhotels, außerdem fährt man mit der U-Bahn eine Viertelstunde bis ins Zentrum – aber bei diesen Zimmerpreisen kann man darüber hinwegsehen.
paragonstrasse 1, www.roomz-vienna.com, telefon: 01 7431777, preis: ab 99 €, u-bahn: gasometer

F HOLLMANN BELETAGE

MITTLERE PREISKLASSE

Ⓓ Außerhalb des Zentrums, mit der U-Bahn jedoch nur ein paar Minuten von der Stadtmitte entfernt, liegt das spektakuläre **Arcotel Kaiserwasser**. In den Zimmern warten solche Annehmlichkeiten wie runde Betten, frei stehende Badewannen, offene Kamine und eine einmalige Aussicht auf die Alte Donau auf Sie. Und das absolute Highlight liegt am alten Flusslauf der Donau: ein hoteleigener Strand.

wagramer straße 8, www.arcotel.at, telefon: 01 224240, preis: ab 130 €, u-bahn: kaisermühlen

(E) Im Boutiquehotel **Altstadt Vienna** stehen Kunst und Service im Mittelpunkt. In dem ehemaligen Patrizierhaus im Künstlerviertel Spittelberg gibt es 42 Zimmer und Suiten, die alle individuell gestaltet sind. Neun der Zimmer wurden von dem Italiener Matteo Thun designt, mit Werken von u. a. Andy Warhol und Gilbert and George an den Wänden. Das Personal ist sehr freundlich und hilfsbereit, ohne aufdringlich zu wirken. Nirgendwo kann man besser relaxen als im Roten Salon bei einer Tasse Tee.
kirchengasse 41, www.altstadt.at, telefon: 01 5226666, preis: ab 139 €, u-bahn: volkstheater

(F) Den Betreibern des **Hollmann Beletage** ist etwas Besonderes gelungen: die überzeugende Mischung aus heimeliger Gemütlichkeit und ultramoderner Einrichtung. Im Wohnzimmer – der Begriff Lobby ist hier streng verboten – kann man es sich am offenen Kamin mit einem Buch aus der hoteleigenen Bibliothek gemütlich machen. Abends schenkt man sich an der Bar selbst einen Drink ein oder man geht in das kleine Hotelkino mit acht Sitzplätzen.
köllnerhofgasse 6, www.hollmann-beletage.at, telefon: 01 9611960, preis: ab 140 €, u-bahn: schwedenplatz

(G) Die Gastwirtschaft **Schreiners** wurde erst vor Kurzem in einem renovierten Biedermeierhaus eröffnet. Jedes der großen, modern eingerichteten Zimmer verfügt über eine Espressomaschine, eine separate Toilette, eine Regendusche und einen Balkon bzw. eine Terrasse mit Aussicht auf den schönen Innenhof. Das Frühstück wird individuell für jeden Gast zubereitet – auf Wunsch mit oder ohne Ei.
westbahnstrasse 42, www.schreiners.cc, telefon: 01 9903783, preis: ab 160 €, u-bahn: burggasse/stadthalle

(H) Jedes der 39 Zimmer im **Hotel Rathaus Wein & Design** ist einem berühmten österreichischen Weingut gewidmet. Das bedeutet auch, dass die Gäste auf ihrem Zimmer Weinflaschen genau "ihres" Weinguts vorfinden. Und das Thema zieht sich weiter wie ein roter Faden durch das ganze Hotel. So werden alle Hygieneprodukte im Bad auf Weinbasis hergestellt und selbst das reichhaltige Frühstück steht ganz im Zeichen des edlen Tropfens.
lange gasse 13, www.hotel-rathaus-wien.at, telefon: 01 4001122, preis: ab 195 €, u-bahn: rathaus

HOHE PREISKLASSE

(I) **The Ring** nennt sich selbst das "casual luxury hotel" Wiens. Die Atmos-phäre ist in der Tat ungezwungen, obwohl man von Luxus umgeben ist. So hängt in jedem Zimmer und in jeder Suite ein riesiger LCD-Fernseher an der Wand, es gibt einen Wellnessbereich mit Aussicht über die Stadt, und nachts werden die Schuhe der Gäste geputzt. Sehr praktisch! Treffpunkt der Gäste ist die Loungebar, die mit über achtzig verschiedenen Wodkasorten bestückt ist und eine wunderbare Aussicht auf die Ringstraße bietet.
kärntner ring 8, www.theringhotel.com, telefon: 01 22122, preis: ab 215 €, u-bahn: karlsplatz

(J) Das Ende 2010 eröffnete **Sofitel Vienna Stephansdom** liegt mitten im Zentrum am Donaukanal. Architekt Jean Nouvel hat hier seiner Kreativität freien Lauf gelassen. Das Ergebnis ist ein nüchternes, hypermodernes Hotel mit riesigen schwebenden Decken im Inneren, auf die Aquariumszenen projiziert werden. Die Außenfassade des Hotels besteht voll und ganz aus Glaselementen, sodass man aus jedem der trendy weiß gehaltenen Hotel-zimmer einen atemberaubenden Blick auf Wien hat. Die Seele baumeln lassen kann man im Spa mit Whirlpools und Hamams.
praterstraße 1, www.sofitel.com, telefon: 01 906160, preis: ab 260 €, u-bahn: schwedenplatz

(K) Der britische Stilguru Sir Terence Conran entwarf die Einrichtung im **Triest**. Früher diente das Gebäude als Kutschenstation, von wo aus man in den italienischen Kurort Triest aufbrach – daher auch der Hotelname. Die historischen Elemente blieben in diesem beeindruckenden Designhotel zum Glück erhalten. Manche Zimmer sind allerdings etwas klein, und wer einen leichten Schlaf hat, sollte besser ein Zimmer zum Innenhof reservieren. Bei schönem Wetter wird hier das Frühstück auf der Terrasse serviert.
wiedner hauptstraße 12, www.dastriest.at, telefon: 01 5891880, preis: ab 295 €, u-bahn: karlsplatz

SOFITEL VIENNA STEPHANSDOM Ⓙ

Transport

Der **Flughafen** Wien-Schwechat ist mit öffentlichen Verkehrsmitteln gut zu erreichen. Die bequemen Busse der **Vienna Airport Lines** pendeln halbstündlich zwischen dem Flughafen und mehreren Orten in der Stadt (Südbahnhof, Westbahnhof und Schwedenplatz). Die Fahrt dauert zwanzig Minuten. Fahrkarten gibt es beim Fahrer. Eine einfache Fahrt kostet 6 Euro, hin und zurück (einen Monat gültig) 12 Euro. Wer lieber mit dem Zug fährt, hat zwei Möglichkeiten: Der **CAT** (City Airport Train) fährt halbstündlich zum Bahnhof Wien Mitte. Die Fahrt dauert 16 Minuten und die Fahrkarte für Hin- und Rückfahrt (dreißig Tage gültig) kostet 16 Euro. Man kann aber auch den "normalen" Zug – die **Schnellbahn 7** – nach Wien Mitte nehmen. Dieser fährt ebenfalls nahezu halbstündlich, braucht jedoch 25 Minuten für die Strecke. Die Fahrkarte ist allerdings viel günstiger. Eine einfache Fahrt kostet 3,60 Euro. Karten sind am Automaten erhältlich. Mehr hierzu im Internet unter *www.viennaairport.com*. Eine **Taxifahrt** ins Zentrum kostet ungefähr 33 Euro.

Der ÖPNV in Wien ist erstklassig. Die **Busse, Straßenbahnen und U-Bahnen** sind sauber und sicher, sie fahren häufig und sind pünktlich. Die U-Bahn besteht aus fünf Linien. Mit ihr kann man sehr gut größere Entfernungen zurücklegen. Meist wartet man nur ein paar Minuten auf die nächste Bahn, die einen in kürzester Zeit ans Ziel bringt. Die U-Bahn fährt von 5.00 Uhr bis 0.00 Uhr, an Wochenenden und Feiertagen auch nachts. In der Nacht gibt es in der ganzen Stadt auch Nachtbusse. Außerdem durchkreuzen 28 Straßenbahnlinien und 67 Stadtbuslinien die Stadt. Karten gibt es an den U-Bahn-Stationen und in Tabakläden. Man kann auch in der Straßenbahn und im Bus Karten lösen, aber hier sind sie teurer. Eine Karte für eine Fahrt mit Umsteigemöglichkeit kostet 1,80 Euro (in der Straßenbahn oder im Bus 2,20 Euro). Eine Tageskarte für alle Verkehrsmittel kostet 5,70 Euro und eine Dreitageskarte 13,60 Euro. Die Karten müssen vor Fahrtantritt abgestempelt werden! Näheres hierzu erfahren Sie auf *www.wienerlinien.at*.

Taxis sind in Wien in der Regel zuverlässig und recht preiswert. Man kann sie einfach auf der Straße durch Handzeichen anhalten oder auch bestellen. Selten wartet man länger als vier Minuten. Telefonisch bestellt man Taxis unter 01 60160 oder 01 40100 (Nummern von Taxizentralen).

Wien wird zunehmend zu einer Stadt für Radfahrer. An rund sechzig Stand-
orten kann man bei **Citybike Wien** (*www.citybikewien.at*) ein Fahrrad mieten.
Man meldet sich einfach mit einer Kreditkarte für 2 Euro an. Die erste Stunde
ist kostenlos, danach zahlt man ein paar Euros pro Stunde. Die Räder können
an jeder beliebigen Fahrradstation wieder abgegeben werden.

Die **Vienna Ring Tram** (*www.wienerlinien.at*) ist ideal fürs Sightseeing. Sie
fährt eine ganze Runde über die Ringstraße. Innerhalb einer halben Stunde
sieht man viele der berühmten Gebäude und Sehenswürdigkeiten. Zusteigen
kann man an allen Straßenbahnhaltestellen auf der Innenseite des Rings.
Eine Runde kostet 6 Euro. Tipp: Die Straßenbahnlinie D fährt vom Schottentor
nach Belvedere und kommt dabei ebenfalls an vielen Sehenswürdigkeiten
vorbei. Hier kostet die einfache Fahrt nur 1,80 Euro.

Zentrum Altstadt

Voller Pracht und Atmosphäre

Die Altstadt bzw. der Erste Bezirk, wie der Wiener sagt, lässt sich mit keinem anderen Stadtteil Wiens vergleichen. Hier ist alles herrschaftlich und exklusiv, voller Luxusautos und eleganter Damen im Pelzmantel. Das Flair ist typisch wienerisch: vornehm und einen Hauch distanziert.

Im Herzen von Wien liegen auch viele Sehenswürdigkeiten, beispielsweise der Stephansdom mit seinem 137 Meter hohen Turm aus dem 15. Jahrhundert. Kein anderes Gebäude lieben die Wiener so sehr wie ihren "Steffl", und daher ist in seiner Umgebung auch immer viel los. Zwischen Stephansdom und der imposanten Staatsoper verläuft die breite Kärntner Straße. Früher war sie die Shoppingmeile der Reichen, heute gibt es dort vor allem große Ladenketten wie das in Wien sehr beliebte und vornehme Peek & Cloppenburg. Neben überfüllten Einkaufsstraßen findet man in diesem Teil der City aber auch ruhige, mittelalterliche Gassen und zahlreiche herrschaftliche Gebäude aus dem 19. Jahrhundert.

1

Ein malerisches Plätzchen hinter dem Stephansdom ist der Franziskanerplatz. Er hat einfach alles, was ein Platz so braucht: eine Kirche, ein kleines Café mit Terrasse, ein Kloster und einen Brunnen. Mit anderen Worten: der ideale Ort, um sich von der Hektik der Innenstadt zu erholen. Idyllisch geht es weiter in den engen, alten Sträßchen rund um die Kärntner Straße sowie den Neuen Markt mit seinen zahlreichen Antiquitätengeschäften und Schmuckläden.

Weiter südlich, hinter der Staatsoper, liegt die Albertina. Sie ist eines der faszinierendsten Museen der Stadt. Neben der riesigen Sammlung von Zeichnungen und Radierungen zeigt die Albertina auch eine bedeutende Kollektion impressionistischer Kunst. Um das Zentrum herum verläuft die Ringstraße, an deren südöstlicher Seite einige vornehme Hotels liegen. Diese breite Straße wurde nach 1857 angelegt, nachdem Kaiser Franz Joseph I. mit seinem Dekret "Es ist Mein Wille" die Zerstörung der alten Stadtmauern angeordnet hatte.

6 Insider-Tipps

Stephansdom

Sich von der imposanten gotischen Kathedrale überwältigen lassen.

Do & Co

Ein Gläschen Prosecco mit Blick auf den Stephansdom trinken.

Albertina

Die Werke alter Meister bewundern.

Lobmeyr

Kostbare Kristallleuchter und Glaskunstwerke bestaunen.

Kaffee Alt Wien

Mit den Wienern ein Bierchen trinken.

Haus der Musik

Ihr eigenes Orchester dirigieren.

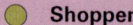 **Sehenswürdigkeiten**   **Essen & Trinken**

Shoppen   **100 % there**

Sehenswürdigkeiten

(1) Der **Stephansdom**, dessen Anfänge aus dem 12. Jahrhundert stammen, ist eines der markantesten Gebäude der Stadt. Insgesamt besitzt die im gotischen Stil erbaute Kirche vier Türme, von denen nur der südliche fertiggestellt wurde. Mit seinen 137 m Höhe überragt der Südturm die ganze Innenstadt. Zu den Prunkstücken des Doms gehören der Altar, die Kanzel und die Katakomben. Hier haben neben den Habsburger Fürsten auch 12.000 "gewöhnliche" Bürger, die Opfer der Beulenpest wurden, ihre letzte Ruhestätte gefunden. Der Aufstieg über die 343 Turmstufen wird mit einem herrlichen Blick über die Stadt belohnt.

stephansplatz 3, www.stephanskirche.at, telefon: 01 515523767, geöffnet: mo-so 6.00-22.00, so 7.00-22.00, führung katakomben mo-sa 10.00-11.30 & 13.30-16.30, so 13.30-16.30, turmbesteigungen täglich 9.00-17.30, eintritt: frei, führung 4,50 €, turmbesteigung 3,50 €, u-bahn: stephansplatz

(9) Die **Kaisergruft** ist die letzte Ruhestätte der Kaiser und Kaiserinnen des österreichisch-ungarischen Reichs. Über dem Eingang zur Krypta steht das Wort "Silentium" eingemeißelt, das auch heute noch die Besucher zur Stille mahnt. Das Grab der legendären Sissi kann man gar nicht verfehlen, denn es wird täglich mit frischen Blumen geschmückt.

tegetthoffstraße 2, www.kaisergruft.at, telefon: 01 5126853, geöffnet: täglich 10.00-18.00, eintritt: 5 €, u-bahn: stephansplatz

(11) Die **Albertina** verdankt ihren Namen dem Erzherzog Albert von Sachsen-Teschen, der den Grundstein für das Museum legte. Das Gebäude beherbergt die weltweit größte grafische Kunstsammlung mit Werken von u. a. Rembrandt und Da Vinci. Hier findet man auch die Sammlung Batliner mit Gemälden von Renoir, Cézanne und Monet. Ein Genuss für alle Kunstfreunde!

albertinaplatz 1, www.albertina.at, telefon: 01 534830, geöffnet: mo-di & do-so 10.00-18.00, mi 10.00-21.00, eintritt: 9,50 €, unter 6 j. frei, u-bahn: karlsplatz

(13) Kaum zu glauben: Als die **Wiener Staatsoper** 1869 eröffnet wurde, war das Gebäude den Wienern nicht monumental genug. Einen der Architekten traf diese Kritik so sehr, dass er sich erhängte. Der Innenbereich mit dem beeindruckenden Foyer, den Wandteppichen und der Marmorhalle kann im Rahmen einer Führung besichtigt werden. Karten für Oper- und Ballettvorstellungen sind jeweils einen Monat im Voraus erhältlich.
opernring 2, www.wiener-staatsoper.at, telefon: 01 5131513, geöffnet: täglich 10.00-21.00, eintritt: durchschnittlich 70 €, stehplatz ab 3 €, führungen 6,50 € (zeiten an der tageskasse erfragen), u-bahn: karlsplatz

(17) Im **Haus der Musik** wohnte einst Otto Nicolai, der Gründer der Wiener Philharmoniker. Der Besuch ist ein echtes Erlebnis! Die Besucher dirigieren nämlich ihr eigenes Orchester, lassen sich vom besten Surroundsystem der Welt verzaubern und erfahren alles über die Geschichte der Musik.
seilerstätte 30, www.hdm.at, telefon: 01 5134850, geöffnet: täglich 10.00-22.00, eintritt: 11 €, kinder 5,50 €, u-bahn: stadtpark

(22) Hinter der unscheinbaren Fassade der **Franziskanerkirche** (1603) verbirgt sich ein überwältigender Hochaltar mit der Jungfrau Maria, der 1707 von Andrea Pozzo erschaffen wurde. Ebenfalls sehenswert: die älteste Orgel der Stadt. Die Kirche wird noch heute von Franziskanermönchen unterhalten.
franziskanerplatz 4, telefon: 01 5124578, geöffnet: täglich 6.30-18.00, u-bahn: stephansplatz

(26) Einer der berühmtesten Komponisten, die in der "Stadt der Musik" gelebt haben, war Mozart. Von 1784 bis 1787 wohnte er mit seiner Familie in dem nach ihm benannten **Mozarthaus**. Hier erfährt der Besucher, wie Mozart seine Tage verbrachte, was ihn beschäftigte und mit wem er befreundet war.
domgasse 5, www.mozarthausvienna.at, telefon: 01 5121791, geöffnet: täglich 10.00-20.00, eintritt: 9 €, u-bahn: stephansplatz

(29) Die Bäckerstraße mit ihren alten Herrenhäusern und den Wappen an den Fassaden verdankt ihren Namen den vielen Bäckern, die hier einst wohnten. Im kleinen Innenhof der **Bäckerstraße 7** sieht man noch die Überreste eines Pferdestalls aus dem 18. Jahrhundert. Tipp: die vielen kleinen Galerien.
bäckerstraße 7, u-bahn: stephansplatz

③② Mit ihrer Backsteinfassade im byzantinischen Stil fällt die **Griechenkirche** sofort ins Auge. Die kleine griechisch-orthodoxe Kathedrale aus dem Jahr 1787 steht im ehemaligen "Griechenviertel", in dem sich im 18. Jahrhundert viele Griechen ansiedelten. Davor waren in Wien Kirchengebäude anderer Religionen außer der römisch-katholischen verboten. Im Inneren erwarten den Besucher griechisch-orthodoxe Ikonen und ein beeindruckender Bischofsthron.

fleischmarkt 13, telefon: 01 5333889, wechselnde öffnungszeiten, u-bahn: schwedenplatz

Essen & Trinken

③ Die Meinungen über das von Hans Hollein entworfene Spiegelgebäude, in dem das **Do & Co** untergebracht ist, gehen auseinander. Auf jeden Fall hat man von hier aus einen wundervollen Blick auf das bunte Dach des Stephansdoms. Das Restaurant serviert Spezialitäten aus aller Welt wie Steaks aus Uruguay oder exklusiven Döner Kebap. Wenn es voll ist, dürfen "Herren ohne Jackett" nicht rein. Abends muss man reservieren.
stephansplatz 12, www.doco.com, telefon: 01 5353969, geöffnet: täglich 12.00-15.00 & 18.00-0.00, preis: kebab 21 €, u-bahn: stephansplatz

⑤ Architekturfans sollten auf keinen Fall die **American Bar** verpassen. Adolf Loos gestaltete diese kleine Cocktailbar 1908 mit schwarzem Onyx, dunklem Marmor und Kupfer. Mit Spiegeln vergrößerte er die Räume optisch. Die Cocktails sollen die besten der Stadt sein.
kärntner durchgang 10, www.loosbar.at, telefon: 01 5123283, geöffnet: täglich 12.00-spät, preis: daiquiri € 11, u-bahn: stephansplatz

⑦ Bei der bekannten **Kurkonditorei Oberlaa** wird alles noch von Hand gemacht. Die Zutaten sind so pur wie möglich: die beste Schokolade, echte Butter und frische Nüsse. Das Oberlaa betreibt mehrere Geschäfte in der Stadt, aber dieses hat das authentischste Ambiente. Hierher kommen die feinen Wiener Damen, um Sachertorte zu schlemmen.
neuer markt 16, www.oberlaa-wien.at, telefon: 01 5132936, geöffnet: täglich 8.00-20.00, preis: schokoladenkuchen 3,50 €, u-bahn: stephansplatz

⑧ Ins **Le Bol** geht man, wenn man Lust auf ein echt französisches Croissant, eine Quiche oder einen großen Salat hat. Man sitzt an einem langen Lesetisch, trinkt Milchkaffee aus großen Tassen und genießt eine himmlische Tarte au citron. Das Interieur ist typisch französisch mit Apothekerschränken und Fliesen an den Wänden. Für zu Hause gibt es gleich mehrere verschiedene Schokoladenfondues zum Mitnehmen. Im Sommer ist die schöne Terrasse vor der Tür geöffnet.
neuer markt 14, www.lebol.at, telefon: 0699 10301899, geöffnet: mo-sa 8.00-22.00, so 10.00-20.00, preis: lunch 8,50 €, u-bahn: stephansplatz

⑮ In der siebten Etage des eleganten Grand Hotel liegt das **Unkai** – das beste japanische Restaurant Wiens. Hier können die Gäste verschiedene kleine Gerichte probieren oder ein umfangreiches Menü mit passendem japanischen Wein bestellen. An Wochenenden und Feiertagen gibt es ein Lunch für 31 Euro – mit so viel Sushi, wie man möchte. Wenn das keine gute Gelegenheit ist ....

kärntner ring 9, www.unkai-grandhotel.com, telefon: 01 515809110, geöffnet: di-so 12.00-14.00 und 18.00-22.45, preis: lunch 31 €, u-bahn: karlsplatz

(16) Das **Café Schwarzenberg** ist sehr beliebt, echt wienerisch und wunderbar traditionell. Der Kaffee und die regionalen Spezialitäten auf der Karte schmecken hervorragend, was inzwischen auch die vielen Touristen entdeckt haben. Einheimische trifft man in diesem Wiener Kaffeehaus – bis auf ein paar Geschäftsleute aus den benachbarten Büros – deshalb immer seltener.
kärntner ring 17, www.cafe-schwarzenberg.at, telefon: 01 5128998, geöffnet: mo-fr & so 7.00-0.00, sa 9.00-0.00, preis: melange 3,60 €, u-bahn: karlsplatz

(21) Das **Artner** ist puristisch eingerichtet, und in der Küche kommen nur exklusive Zutaten zum Einsatz. Trotzdem kann man hier essen, ohne gleich ein Vermögen zu bezahlen. Wie wäre es zum Beispiel mit Boeuf Bourguignon mit schwarzen Trüffeln? Gespeist wird u.a. im gemütlichen Keller mit Backsteingewölbe.
franziskanerplatz 5, www.artner.co.at, telefon: 01 5035034, geöffnet: täglich 10.00-2.00, preis: vier-gänge-menü 48 €, u-bahn: stephansplatz

(23) Im **Kleinen Café**, das vom Architekten Hermann Czech gestaltet wurde, herrscht immer beste Stimmung. Touristen mischen sich in diesem winzigen Lokal scheinbar mühelos unter die einheimischen Stammgäste. Der Besitzer ist ein bekannter österreichischer Schauspieler, und so kann man hier auf viele seiner Kollegen treffen. Die Terrasse auf dem romantischen Franziskanerplatz zählt zu den schönsten der Stadt. Ein Sommertraum!
franziskanerplatz 3, geöffnet: mo-sa 10.00-2.00, so 13.00-2.00, preis: melange 3 €, u-bahn: stephansplatz

(24) Das kleine **Xpedit Van Veinsten** ist berühmt für seine Tramezzini. Zur Auswahl stehen rund 15 verschiedene Varianten dieses italienischen Weißbrot-Klassikers. Empfehlenswert: Garnelen mit Artischocken, Schinken mit Spargel und Mortadella mit Feta. Im Sommer ist die kleine Terrasse mit Aussicht auf das Franziskanerkloster geöffnet.
franziskanerplatz 3, www.xpedit.at, telefon: 01 5125862, geöffnet: mo-sa 9.00-24.00, preis: tramezzini 2,50 €, u-bahn: stephansplatz

② KLEINES CAFÉ

㉕ Die Gäste des **Santo Spirito** kommen eigentlich weniger des Essens wegen. Der Reiz des Restaurants liegt vielmehr in der klassischen Musik, die im Laufe des Abends immer lauter wird. Ein gemütlicher Treffpunkt für Dirigenten, Musiker und Studenten des Konservatoriums. Hin und wieder lässt der Besitzer eine große Leinwand von der Decke herunter und zeigt einen Opernfilm – in voller Lautstärke natürlich!

kumpfgasse 7, www.santospirito.at, telefon: 01 5129998, geöffnet: täglich 18.00-2.00, preis: 10 €, u-bahn: stephansplatz

(27) Das **Café Diglas** ist das Stammcafé vieler Wiener. Eine erstklassige Adresse, um in ungezwungener Atmosphäre auf roten Plüschsofas eine Melange zu schlürfen, serviert von einem Ober im perfekt sitzenden Anzug. Natürlich darf zum Kaffee ein großes Stück Torte nicht fehlen, wir sind ja in Wien! Zur Auswahl stehen nicht weniger als 15 verschiedene Sorten, die jeden Tag in der eigenen Bäckerei gezaubert werden.

wollzeile 10, www.diglas.at, telefon: 01 5125765, geöffnet: täglich 8.00-22.30, preis: melange 3,50 €, u-bahn: stephansplatz

(30) Das **Kaffee Alt Wien** ist der Inbegriff einer echten Künstlerkneipe: schummriges Licht, Plakate an den Wänden, ein Billardtisch in der Ecke und natürlich eine gut sortierte Bar. Eröffnet wurde es 1936 von Leopold Hawelka und seiner Frau, die später auch das Café Hawelka gründeten. Das Alt Wien wird vor allem von Journalisten und Künstlern besucht.

bäckerstraße 9, www.cafealtwien.at, telefon: 01 5125222, geöffnet: täglich 10.00-2.00, preis: mahlzeit 6,50 €, u-bahn: stephansplatz

(31) Wer zum Essen in den **Hollmann Salon** kommt, fühlt sich wie bei Freunden. An einem langen Tisch werden Tagliatelle mit Rinderfilet und Gorgonzola oder die berühmte Salon-Bouillabaisse serviert. Alles biologisch, vom Brot bis zu den himmlischen Desserts. Leider wird schon um 22.00 Uhr geschlossen.

grashofgasse 3, www.hollmann-salon.at, telefon: 01 961196044, geöffnet: mo-fr 12.00-15.00 & 18.00-22.00, sa 10.00-15.00 & 18.00-22.00, preis: drei-gänge-menü 33 €, u-bahn: schwedenplatz

(33) In der Café-Konditorei **Aida** ist so ziemlich alles rosa. Das Interieur stammt aus den 50er- und 60er-Jahren und sieht in allen 29 Wiener Filialen gleich aus. Aida hat inzwischen Kultstatus erlangt, weil es sich dem Fortschritt widersetzt. Das Personal ist ausschließlich weiblich und trägt rosafarbene Schürzen und rosafarbene Socken in weißen Sandalen. Auf der Karte stehen süßes Gebäck und Gerichte, die man ansonsten nirgendwo mehr bekommt: Schinkenröllchen mit Doppelrahmkäse oder hart gekochte Eier mit Mayonnaise. Herrlich altbacken!

rotenturmstraße 24, www.aida.at, telefon: 01 25826110, geöffnet: mo-so 6.30-20.00 & so 9.00-20.00, preis: stück kuchen 2,50 €, u-bahn: schwedenplatz

Shoppen

(4) Bei **Skrein** finden Sie originelle Schmuckkreationen von Alexander Skrein und seiner Tochter Daniela. Beide können meisterhaft seltene Steine und Edelmetalle zu filigranen Kunstwerken verarbeiten. In ihrem Laden, der zugleich Werkstatt ist, können Sie die fertigen Schmuckstücke bewundern oder bei der Herstellung zusehen.
spiegelgasse 5, www.skrein.at, telefon: 01 5132284, geöffnet: mo-fr 10.00-18.00 & sa 10.00-14.00, u-bahn: stephansplatz

(6) Ein Bummel durch das **Steffl** lohnt sich immer. Das berühmte Wiener Kaufhaus bietet auf neun Etagen Markenkleidung – u. a. von Prada und Versace – für Damen, Herren und Kinder. Wer auf edler Schnäppchensuche ist, geht ins Designeroutlet. In der obersten Etage kann man in der Sky Bar bei einem guten Gläschen die herrliche Aussicht genießen.
kärntner straße 19, www.kaufhaus-steffl.at, telefon: 01 514310, geöffnet: mo-mi 9.30-19.00, do-fr 9.30-20.00, sa 9.30-18.00, u-bahn: stephansplatz

(10) Zwischen den großen Ladenketten der Kärntner Straße hat das altehrwürdige Familienunternehmen **Lobmeyr** seinen Sitz. Die pompösen Kristallleuchter, die hier verkauft werden, zieren u. a. die Eingangshalle des Obersten Sowjet und das Gebäude der Vereinten Nationen. Das K.u.k-Logo (kaiserlich und königlich) am Giebel erinnert an die Zeiten, in denen das Unternehmen Hoflieferant des Kaisers war. Im Obergeschoss befindet sich ein kleines Museum mit Kronleuchtern und Glasarbeiten (Eintritt frei).
kärntner straße 26, www.lobmeyr.at, telefon: 01 512050888, geöffnet: mo-fr 10.00-19.00, sa 10.00-18.00, u-bahn: stephansplatz

(14) Bei **Interio** findet man Badeschaum, Kissen, Gläser, Designermöbel ... kurz gesagt alles, was das eigene Zuhause schöner macht. Es fällt schwer, diesen großen und farbenfrohen Laden zu verlassen, ohne nicht wenigstens ein paar Kerzen gekauft zu haben.
kärntner ring 5-7 (ringstraßen-galerien), www.interio.at, telefon: 01 5139936, geöffnet: mo-mi, fr 9.00-19.30, do 9.00-21.00, sa 9.00-18.00, u-bahn: karlsplatz

MANNER ㉞

㉚ Mitten im ehrwürdigen Wiener Stadtzentrum, versteckt in einem idyllischen Hinterhof, liegt **Die vermischte Warenhandlung**. In diesem wunderschönen Geschenkeladen kann man herrlich zwischen englischen Teetassen, Geschenk-papier, Schmuck, Kalendern, Porzellan und vielem mehr herumstöbern. Ideal, um sich selbst oder den Daheimgebliebenen ein Mitbringsel auszusuchen. *weihburggasse 16, telefon: 01 5128853, geöffnet: mo-fr 10.00-18.30, sa 0.00-17.00, u-bahn: stephansplatz*

(20) **Aichinger, Bernhard & Comp.** ist ein romantischer kleiner Buchladen, der an ein gemütliches Wohnzimmer erinnert. Die Bücher stapeln sich bis unter die Decke. Doch die sympathische Besitzerin behält immer den Überblick und findet für jeden das passende Buch.
weihburggasse 16, www.abc-wien.at, telefon: 01 5128853, geöffnet: mo-fr 10.00-18.30, sa 10.00-17.00, u-bahn: stephansplatz

(28) Schon seit über 130 Jahren führt **Schönbichler** ein beeindruckendes Sortiment an Tee und allem, was dazugehört – auf Wunsch auch gerne aufwendig als Geschenk verpackt. Außerdem findet man hier Whisky, Calvados und Cognac. Die traditionsreiche Vergangenheit des Ladens ist förmlich zu spüren und zu jedem Artikel – sei es ein Päckchen Earl Grey oder eine exklusive Flasche Islay-Whisky – hat der Verkäufer noch eine interessante Geschichte auf Lager.
wollzeile 4, www.schoenbichler.at, telefon: 01 5121816, geöffnet: mo-fr 9.00-18.30, sa 9.00-17.00, u-bahn: stephansplatz

(34) Dort, wo Josef **Manner** I. 1890 mit der Produktion und dem Verkauf seiner Neapolitaner Schnitten begann, steht heute der ganz in Rosa gehaltene Manner-Shop. Die berühmten Manner-Schnitten (mit Haselnusscreme gefülltes Waffelgebäck) kennt in Österreich jedes Kind. Sie sind überall erhältlich, aber nur hier gibt es sie frisch aus der Produktion und noch dazu im besonders großen Format von 20 x 30 Zentimetern. Unbedingt probieren!
stephansplatz 7, www.manner.at, telefon: 01 5137018, geöffnet: täglich 10.00-21.00, u-bahn: stephansplatz

⑫ **WÜRSTELSTAND**

100 % there

(2) Eine Fahrt im **Fiaker** ist die traditionellste und romantischste Art, Wien zu entdecken. Seit Ende des 17. Jahrhunderts fahren die Pferdekutschen durch die Stadt. Einstiegsmöglichkeiten gibt es am Stephansdom, am Albertinaplatz, am Heldenplatz und vor dem Burgtheater.
www.fiaker.at, preis: 20 minuten kutschfahrt 40 €, 40 minuten 65 €, 60 minuten 95 €

(12) Was dem Deutschen seine Imbissbude, ist dem Wiener sein Würstelstand. Hier gibt es die unterschiedlichsten Wurstsorten, doch am beliebtesten ist das Frankfurter Würstchen. Man isst es mit einem Stück Brot und einer ordentlichen Portion süßem oder scharfem Senf. Der **Würstelstand** am Albertinaplatz wurde vom Architektenduo Schuberth & Schuberth entworfen. So stilvoll kann man Würstchen essen ...
albertinaplatz 1, geöffnet: mo-sa 7.00-4.00, so 10.00-4.00, preis: frankfurter würstchen 3 €, u-bahn: karlsplatz

(18) In der Buchhandlung **Tiempo** kann man nicht nur Bücher kaufen, sondern auch einen Happen essen, Live-Auftritten lauschen oder Tango tanzen. Schriftsteller halten regelmäßig Lesungen. Hier macht das Lesen doppelt so viel Spaß.
johannesgasse 16, www.tiempo.at, telefon: 01 5131985, geöffnet: mo-fr 10.00-19.00, do 10.30-21.00, u-bahn: stadtpark

Zentrum Altstadt

Beginnen Sie am Stephansdom ① (Kutschen!) ②. Am Ausgang der Kirche links und hinter dem spiegelnden Gebäude ③ rechts in den Graben. Dann die zweite Straße links: Spiegelgasse ④. Nehmen Sie die erste Gasse links, gehen Sie am Ende links und sofort wieder rechts an der Cocktailbar vorbei ⑤. Auf der Kärntner Straße biegen Sie rechts ab (Warenhaus Steffl) ⑥. Biegen Sie in die erste Straße rechts zum Neuen Markt. Danach links, wo es Croissants ⑦ ⑧ gibt. Weiter geht's durch die Straße gegenüber der Kaisergruft ⑨ zurück zur Kärntner Straße. Rechts vorbei an Kronleuchtern ⑩, dann die erste Straße rechts in die Führichgasse. Nehmen Sie die erste Straße links. Sie kommen am Museum Albertina ⑪ ⑫ vorbei. Biegen Sie gegenüber in die Philharmonikergasse ein. Hinter dem Sacherhotel liegt rechts die Wiener Staatsoper ⑬. Gehen Sie um das Gebäude herum und biegen Sie links auf den Ring, an einem Einrichtungsladen ⑭ ⑮ vorbei. Hinter dem Café Schwarzenberg ⑯ geht's links. Folgen Sie der Straße und biegen Sie hinter dem Museum ⑰ in die erste Straße rechts ein, die Fichtegasse. Dann die zweite Straße links (Literaturcafé Tiempo) ⑱. Gehen Sie nach links und die erste Straße rechts. Überqueren Sie die Himmelpfortgasse, dann links in die Weihburggasse. Hinter den kleinen Geschäften ⑲ ⑳ durch den Durchgang links und dann rechts ab. Wieder zweimal rechts zum Franziskanerplatz ㉑ ㉒ ㉓. Biegen Sie hinter dem Sandwichladen ㉔ rechts ab und gehen Sie die erste Straße links in die Kumpfgasse. Hinter dem Restaurant Santo Spirito ㉕ führen links Stufen hinauf. Überqueren Sie die Gasse und gehen Sie in den Innenhof. Ein paar Stufen führen in die Blutgasse. Biegen Sie hier rechts ab. Wieder rechts um den Block mit dem Mozarthaus ㉖ herum. Danach links und anschließend rechts in die Schulerstraße. Gehen Sie zweimal die erste Straße links. Sie befinden sich nun in der Wollzeile ㉗. Biegen Sie am Teeladen ㉘ rechts ab in die Passage. Am Ende geht es nach rechts in die Bäckerstraße ㉙. Biegen Sie hinter der Kneipe ㉚ nach links und gehen Sie hinter der Kreuzung nach links in den Heiligenkreuzerhof ㉛. Über die Grashofgasse gelangen Sie zum Fleischmarkt. Auf der rechten Seite liegt die Griechenkirche ㉜. Gehen Sie nach links und über die Rotenturmstraße ㉝ ㉞ zurück zum Stephansdom.

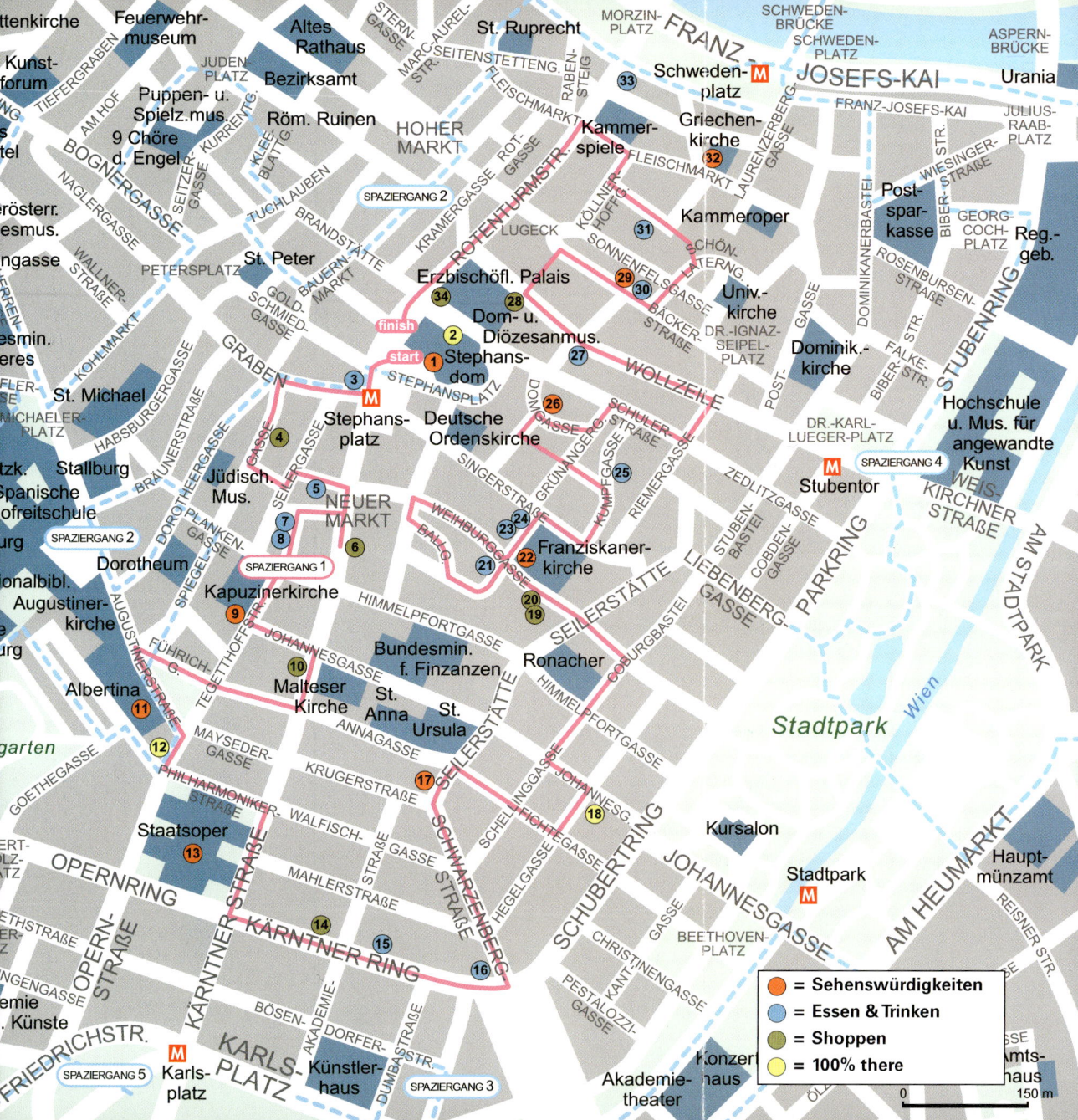

Zentrum Hofburg

Kaiserlicher Glanz und alte Kaffeehaustradition

Wohin man blickt, überall sieht man herrschaftliche Paläste. Der schönste von ihnen ist die Hofburg, der Winterpalast der legendären Kaiserin Sissi. Im Sissi Museum können Besucher die kaiserlichen Gemächer besichtigen und alles über das Leben der berühmten Majestät erfahren. Doch außer ihr haben noch viele andere Kaiserinnen und Kaiser hier gelebt und ihren Teil zur Hofburg beigetragen, denn jeder von ihnen hat das Gebäude um einen neuen Flügel erweitert. Gegenüber der Hofburg liegt die Spanische Hofreitschule. Diese beiden Sehenswürdigkeiten sind die beliebtesten Ziele aller Wienbesucher.

Auf der anderen Seite des Rings, der um das ganze Zentrum läuft, ragen zwei riesige, identische Gebäude empor. Sie beherbergen das Kunsthistorische und das Naturhistorische Museum. Etwas weiter entfernt liegen das österreichische Parlament und das von Theaterkennern aller Welt hochgelobte Burgtheater.

2

Von der echten Wiener Kaffeekultur zeugen die vielen alten Kaffeehäuser, die man in der ganzen Stadt findet. Auf der Karte stehen häufig zehn verschiedene Kaffeesorten! Von den Wienern heiß geliebt: die Melange (Kaffee mit Milch und Milchschaum) und der Braune (Espresso mit einem Schuss warmer Milch).

Nicht weit vom Stephansdom liegt der Judenplatz, Zentrum des ehemaligen Judenviertels. Früher stand hier eine Synagoge, heute informiert ein Museum über die Geschichte der Wiener Juden. Auf dem Platz steht außerdem ein Denkmal für die österreichischen Holocaust-Opfer.

Zwischen Hofburg und Stephansplatz verläuft die elegante Einkaufsstraße Graben, eine breite Allee mit beeindruckenden Gebäuden. Die teuerste Einkaufsstraße der Stadt ist der Kohlmarkt mit den großen internationalen Modehäusern. Doch auch der K.u.K.-Hofzuckerbäcker Demel und das edle Delikatessengeschäft Julius Meinl lohnen einen Besuch.

6 Insider-Tipps

Julius Meinl

Delikatessen aus aller Welt probieren.

Palmenhaus

Romantisch im Jugenstilgewächshaus dinieren.

Hofburg

Den Winterpalast der Kaiserin Sissi besuchen.

Zum Schwarzen Kameel

Sich unters Wiener Establishment mischen.

Le Cru

Champagner kleiner französischer Keltereien genießen.

Café Griensteidl

Himmlische Torte in einem echten Wiener Kaffeehaus schlemmen.

● Sehenswürdigkeiten
● Shoppen
● Essen & Trinken
 100 % there

Sehenswürdigkeiten

(7) Das **Kunsthistorische Museum** (1891) wurde extra für die umfangreiche Kunstsammlung der kaiserlichen Familie gebaut. Zu sehen gibt es u. a. die Abteilungen für ägyptische und griechische Kunst sowie die Werke alter Meister wie Brueghel der Ältere, Rembrandt, Vermeer, Raffael und Tizian. *maria-theresien-platz, www.khm.at, telefon: 01 525244031, geöffnet: di-mi & fr-so 10.00-18.00, do 10.00-21.00, eintritt: 12 €, u-bahn: museumsquartier*

(8) Seinen Anfang nahm das **Naturhistorische Museum** mit der Sammlung des begeisterten Amateurwissenschaftlers und Kaisers Franz Stephan. Seit der Eröffnung im Jahr 1889 scheint sich in den Sälen mit den antiken Vitrinen kaum etwas verändert zu haben. Hier gibt es wirklich alles: ausgestopfte Tiere, Meteoriten, Fossilien und archäologische Fundstücke. Das wichtigste Ausstellungsstück aber ist die Venus von Willendorf, eine 23.000 Jahre alte und nur elf Zentimeter große Figur, vermutlich ein Fruchtbarkeitssymbol. *burgring 7, www.nhm-wien.ac.at, telefon: 01 521770, geöffnet: mo & do-so 9.00-18.30, mi 9.00-21.00, eintritt: 8 €, u-bahn: volkstheater*

(9) Der weitläufige Palastkomplex der **Hofburg** diente einst als Winterresidenz der Habsburger Kaiser. Ihre berühmteste Bewohnerin war Kaiserin Sissi, aber auch Marie Antoinette wohnte hier, bevor sie Kaiserin von Frankreich wurde. Im Laufe der Jahrhunderte wurde immer wieder angebaut, sodass heute Elemente aller möglichen Epochen zu entdecken sind. *hofburg, www.hofburg-wien.at, telefon: 01 5337570, geöffnet: täglich 9.00-17.30, eintritt: 10,50 €, u-bahn: herrengasse*

(11) Auch wenn man kein Sissi-Fan ist – ein Besuch des **Sissi Museums** in der Hofburg lohnt sich. Man erfährt viel über das Leben der berühmten Kaiserin: Sissi war eine moderne Frau, die sich nicht in ihrem Palast versteckte. Sie war sozial engagiert und reiselustig, aber auch sehr eitel. So turnte sie täglich diszipliniert und lebte streng nach Diät, um ihren Taillenumfang von 40 Zentimetern zu halten. Nach dem Selbstmord ihres einzigen Sohns wollte Sissi nicht mehr fotografiert werden. Seitdem verbarg sie ihr Gesicht. *hofburg, www.hofburg-wien.at, telefon: 01 5337570, geöffnet: täglich 9.00-18.00, eintritt: 10,50 €, u-bahn: herrengasse*

⑫ SPANISCHE HOFREITSCHULE

⑫ Die **Spanische Hofreitschule** ist das Mekka aller Pferdefreunde. Hier können Sie den berühmten Lipizzanern beim Training zusehen oder Vorführungen der edlen Pferde besuchen. Direkt um die Ecke, in der Reitschulgasse, befinden sich die Stallungen.

michaelerplatz 1, www.srs.at, telefon: 01 5339031, geöffnet: während des trainings und der vorführungen, eintritt: morgenarbeit (10.00-12.00) 12 €, u-bahn: herrengasse

(13) Der Architekt Theophil Hansen entwarf 1883 das **Parlamentsgebäude** im monumentalen griechischen Stil mit vielen Säulen. Damit wollte er seine Bewunderung für das griechische Ideal der Demokratie zum Ausdruck bringen. Bis ins Jahr 1918 traf sich die kaiserliche Regierung in dem Gebäude, heute tagt hier die Nationalregierung. Zutritt zu diesem Politik-Tempel gibt es nur im Rahmen einer Führung.

doktor-karl-renner-ring 3, www.parlament.gv.at, telefon: 01 401102400, geöffnet: mo-sa ab 11.00, preis: führungen 4 €, u-bahn: volkstheater

(14) Das **Burgtheater** aus dem Jahr 1888 ist eine der angesehensten Bühnen der deutschsprachigen Theaterwelt – mit rund 360 verschiedenen Vorstellungen pro Jahr! Zum Programm gehören klassische Stücke ebenso wie experimentelles Theater. Das Gebäude im italienischen Renaissancestil wurde im Zweiten Weltkrieg weitgehend zerstört, doch die Fresken der Gebrüder Klimt sowie von Franz von Matsch blieben zum Glück erhalten. 2010 wurde das Theater komplett renoviert.

doktor-karl-lueger-ring 2, www.burgtheater.at, telefon: 01 514444140, geöffnet: mo-fr 8.00-18.00, sa-so 9.00-12.00, führungen täglich 15.00, eintritt: 5,50 €, u-bahn: herrengasse

(17) Das **Kunstforum** erkennt man sofort an der goldenen Kugel. Gezeigt werden hier Ausstellungen von vielversprechenden jungen Talenten, aber auch von modernen Klassikern wie Magritte, Chagall und Frida Kahlo.

freyung 8, www.bankaustria-kunstforum.at, telefon: 01 5373326, geöffnet: mo-do & sa-so 10.00-19.00, fr 10.00-21.00, eintritt: 9 €, u-bahn: herrengasse

(20) Das **Loos-Haus** aus dem Jahr 1911 ist ein typisches Beispiel für die Arbeit von Adolf Loos. Die glatte Gebäudefassade brachte dem Haus den Spitznamen "Haus ohne Augenbrauen" ein. Der Architekt musste harsche Kritik einstecken, weil man der Meinung war, das Gebäude aus grünem Marmor und Glas stehe in zu starkem Kontrast zur reich verzierten Hofburg direkt gegenüber. Um diesen Kontrast abzuschwächen, ließ Kaiser Franz Joseph Blumenkästen an der Fassade anbringen. Heute hat eine Bank ihren Sitz im Loos-Haus. In der Eingangshalle informieren Tafeln über die Geschichte des Gebäudes.

michaelerplatz 3, u-bahn: herrengasse

(21) Die **Michaelerkirche**, 1221 ursprünglich als romanische Kirche erbaut, wurde immer wieder dem Zeitgeist entsprechend verändert. Im Kircheninneren findet man daher einen Mix aus verschiedenen Baustilen und religiösen Kunstobjekten. Fünf Tage nach Mozarts Tod wurde hier sein (unvollendetes) Requiem uraufgeführt. Die hundert Leichname, die in der Krypta liegen, blieben erstaunlich gut erhalten. Dasselbe gilt für ihre Kleidung – einige der Mumien tragen sogar eine Perücke.
michaelerplatz, www.michaelerkirche.at, telefon: 01 5338000, geöffnet: täglich 7.00-22.00, u-bahn: herrengasse

(27) Im Mittelalter lag der **Judenplatz** im Zentrum des jüdischen Ghettos. Heute dokumentiert das Museum Judenplatz den Alltag der Wiener Juden und zeigt Ausgrabungen einer Synagoge. Auf dem Platz selbst erinnert ein Mahnmal an die österreichischen Juden, die im Zweiten Weltkrieg ums Leben gekommen sind. Das Denkmal wurde 2000 im Beisein seines Initiators Simon Wiesenthal enthüllt und stellt eine Bibliothek mit den Lebensgeschichten der Opfer dar. Die Buchrücken zeigen alle nach innen.
judenplatz 8, www.jmw.at, telefon: 01 5350431, geöffnet: so-fr 10.00-18.00, eintritt: museum 4 €, u-bahn: stephansplatz

(29) Als Inspiration für die barocke **Peterskirche** (1701–1733) diente dem Architekten von Hildebrandt der Petersdom in Rom. Die Kirche ist reich verziert, wirkt jedoch – eingeengt durch die nahen Nachbarhäuser – etwas gedrungen. Jeden Tag um 15.00 Uhr (an Wochenenden um 20.00 Uhr) lädt ein kostenloses Orgelkonzert zum Zuhören ein.
petersplatz, www.peterskirche.at, telefon: 01 5336433, geöffnet: mo-fr 7.00-20.00, sa-so 9.00-21.00, u-bahn: stephansplatz

(32) Die römisch-katholische **Ruprechtskirche** wurde 740 erbaut und ist damit die älteste Kirche Wiens. Im Mittelalter diente sie als Salzamt: Salz, das über den Donaukanal kam, wurde hier einer Qualitätskontrolle unterzogen und anschließend weitertransportiert. Im Turm hängen die ältesten Kirchenglocken der Stadt.
seitenstettengasse 5/4, www.ruprechtskirche.at, telefon: 01 5356003, geöffnet: mo-fr 10.00-12.00 & mo, mi & fr 15.00-17.00, messen sept.-juni sa 17.00, juli & aug. 18.00, u-bahn: schwedenplatz

Essen & Trinken

(2) Das **Trzesniewski** wurde 1902 von einem polnischen Einwanderer eröffnet. Seine Idee: belegte Brötchen verkaufen, die sich jeder leisten kann. Hundert Jahre später stehen noch exakt die gleichen 21 Sorten Eiersalat auf der Karte wie früher. Nur im Jahr 2000 wurde – anlässlich des neuen Milleniums – eine weitere Geschmacksrichtung aufgenommen. Zu "wilder Paprika", "Gurke mit Ei" oder "Ei mit Ei" trinkt man einen Pfiff, ein winziges Bier. Der schlicht eingerichtete Laden ist meist proppenvoll.
dorotheergasse 1, www.trzesniewski.at, telefon: 01 512 32 91, geöffnet: mo-fr 8.30-19.30, sa 9.00-17.00, preis: brötchen (mit pfiff) 1 €, u-bahn: stephansplatz

(3) 1939 eröffneten Leopold Hawelka und seine Frau das **Café Hawelka**. Bald wurde es zum beliebten Treffpunkt für Künstler und Schriftsteller – und das ist es bis heute. Das Interieur blieb unverändert und abends zieht noch immer der unwiderstehliche Duft von Buchteln (mit Pflaumen gefülltes süßes Hefegebäck) durch das Lokal – gebacken nach einem geheimen Familienrezept.
dorotheergasse 6, www.hawelka.at, telefon: 01 5128230, geöffnet: mo & mi-sa 8.00-2.00, so 10.00-2.00, preis: melange 2,50 €, u-bahn: stephansplatz

(4) Das **Café Bräunerhof** erhielt seinen heutigen Namen im Zweiten Weltkrieg. Davor – bis zur Deportation der jüdischen Eigentümer – hieß es ironischerweise Sans Soucis (ohne Sorgen). Das Café wird vor allem von Wiener Intellektuellen besucht, die Einrichtung ist nüchtern und die Ober im Smoking sind so, wie es sich in Wien gehört: sehr effizient und ein klein wenig grantig. Probieren Sie den Apfelstrudel mit ungesüßter Sahne.
stallburggasse 2, telefon: 01 5123893, geöffnet: mo-fr 8.00-20.30, sa 8.00-18.00, so 10.00-18.00, preis: melange 3 €, u-bahn: herrengasse

(6) Die Brasserie **Palmenhaus** ist in einem wunderschönen Jugendstil-Gewächshaus untergebracht und bei Touristen und Einheimischen äußerst beliebt. Es gibt Fischgerichte und dazu nicht weniger als 230 verschiedene Weine. Im benachbarten Glashaus gibt es einen Schmetterlingsgarten.
burggarten 1, www.palmenhaus.at, telefon: 01 5331033, geöffnet: täglich 10.00-2.00, preis: 18 €, u-bahn: herrengasse

ODC ORLANDO DI CASTELLO ⑯

⑯ An der schönen Freyung liegt das trendy weiße Café-Restaurant **ODC Orlando di Castello**. Sein Architekt ließ sich von Queen Elizabeth, dem Rapper 50 Cent und einem Tiroler Mädchen inspirieren. Diese Kombination klingt vielleicht merkwürdig, aber das Ergebnis kann sich sehen lassen. Nehmen Sie Platz auf königlichen Sesseln und kitschigen Loungesofas, bestellen Sie ein Fancy Soda mit Wassermelone und das köstliche ODC Club Sandwich.

freyung 1, www.orlandodicastello.com, telefon: 01 5337629, geöffnet: mo-sa 7.30-24.00, preis: sandwich 9,50 €, u-bahn: herrengasse

⑥ PALMENHAUS

⑱ Das **Café Central** ist noch immer das allerschönste Kaffeehaus der Stadt, auch wenn heute beinahe ausschließlich Touristen hier aufkreuzen. Zahlreiche Berühmtheiten bestellten seit der Eröffnung im Jahr 1876 ihren Kaffee: Kafka, Loos, Trotzki und Freud, aber auch Stalin und Hitler. Für die Gäste gibt es Zeitungen in 22 Sprachen. Die vielen leckeren Gebäcksorten werden in einer großen Vitrine präsentiert, und auf der Karte stehen Gerichte für den kleinen und großen Hunger. Jeden Abend sorgt ein Pianist für Hintergrundmusik.

ecke herrengasse/strauchgasse, www.ferstel.at, telefon: 01 533376424, geöffnet: mo-sa 7.30-22.00, so 10.00-22.00, preis: melange 3,20 €, u-bahn: herrengasse

(19) Am monumentalen Michaelerplatz liegt das **Café Griensteidl**, das 1848 von dem ehemaligen Apotheker Heinrich Griensteidl eröffnet wurde und seitdem beliebter Treffpunkt vieler Wiener Schriftsteller wie Hermann Bahr und Arthur Schnitzler war. Als das Café 1897 im Zuge der Umgestaltung des Michaelerplatzes abgerissen wurde, zogen viele Stammgäste in das nahe gelegene Café Central. Nach der Wiedereröffnung im Jahr 1990 wurde es schnell wieder zum Lieblingscafé der Wiener Intellektuellen.
michaelerplatz 2, www.cafegriensteidl.at, telefon: 01 53526920, geöffnet: mo-so 8.00-23.30, preis: melange 2,90 €, u-bahn: herrengasse

(26) Das Café **Zum Schwarzen Kameel** gibt es schon seit fast 400 Jahren! In einem zauberhaften Jugendstilsaal verwöhnen Ober mit Zwirbelbart die Gäste mit himmlischen Köstlichkeiten. Nicht preiswert, aber den schicken Wienern ist das egal. Vorn an der Bar trinkt man ein gutes Glas Weißwein und bestellt aus der Vitrine kunstvoll belegte Brötchen. Probieren sollte man unbedingt die Variante mit Schinken und frisch geraspeltem Meerrettich.
bognergasse 5, www.kameel.at, telefon: 01 5338125, geöffnet: mo-sa 8.30-24.00, preis: schinkenbrötchen 1,60 €, u-bahn: stephansplatz

(30) Das **Wrenkh** ist eine erstklassige Adresse für Anhänger der vegetarischen Küche, aber auch Fleischfreunde werden auf der Karte fündig. Das Essen ist einfach, doch sehr schmackhaft, und aus jedem Gericht zaubert der Koch ein farbenfrohes Kunstwerk. Atmosphäre und Bedienung sind sehr freundlich, was in Wien nicht immer selbstverständlich ist. Neben dem Restaurant befindet sich ein Kochstudio.
bauernmarkt 10, www.wiener-kochsalon.com, telefon: 01 5331526, geöffnet: mo-fr 12.00-16.00 & 18.00-23.00, sa 12.00-23.00, preis: wrenkhs glückssalat 10 €, u-bahn: stephansplatz

(31) Ins Café-Restaurant **Limes** kommen viele Geschäftsleute aus den benachbarten Bürogebäuden, um italienisch zu essen. Seinen Namen verdankt es der Grenze (lat. limes) des Römischen Reiches, die an dieser Stelle verlief. Den Loungebereich zieren Retromalereien.
hoher markt 10, www.restaurant-limes.at, telefon: 01 905800, geöffnet mo-fr 11.00-24.00, sa 10.00-24.00, preis: 16 €, u-bahn: stephansplatz

Shoppen

① Teeliebhaber sollten dieses Geschäft auf keinen Fall verpassen: Bei **Haas & Haas** findet man über zweihundert verschiedene Teesorten aus aller Welt. Da fällt es natürlich schwer, sich für eine zu entscheiden! Die freundlichen Verkäuferinnen helfen aber gern. Im Café nebenan kann man "Yunnan" und "Tschai" schon mal probieren. Zu empfehlen ist auch ein Brunch auf der idyllisch gelegenen Terrasse.

stephansplatz 4, www.haas-haas.at, telefon: 01 5122666, geöffnet: mo-fr 8.00-20.00, sa 8.00-18.30 & so 9.00-18.00, u-bahn: stephansplatz

⑤ Das **Dorotheum** ist eines der ältesten und größten Auktionshäuser der Welt, und jedes Jahr organisiert es in Wien über sechshundert Versteigerungen. An das Dorotheum angeschlossen ist das bedeutendste Antiquitätengeschäft der Stadt – mit Kunst, Design, Teppichen und Glasarbeiten zum Festpreis. Schwellenangst braucht man nicht zu haben: Für jedes Budget ist etwas dabei.

dorotheergasse 17, www.dorotheum.com, telefon: 01 515600, geöffnet: mo-fr 10.00-18.00, sa 9.00-17.00, u-bahn: stephansplatz

㉒ Selbst im trendbewussten Wien ist die traditionelle Trachtenkleidung noch nicht ganz aus dem Stadtbild verschwunden. Vor allem Dirndl und Lederhosen werden noch mit Stolz getragen, bevorzugt auf Partys der High Society. Das Familienunternehmen **Loden-Plankl** ist dann auch eines der bekanntesten Fachgeschäfte für Trachtenkleidung. Seit 1830 werden in dieser ehemaligen Bierbrauerei edle Lodenjanker und traditionelle Walkjacken verkauft. Dass das Unternehmen im Laufe der Jahre mehrmals buchstäblich aus allen Nähten geplatzt ist, sieht man an den zwei verschiedenen Eingängen und den vielen (Wendel-)Treppen.

michaelerplatz 6, www.loden-plankl.at, telefon: 01 5338032, geöffnet: mo-sa 10.00-18.00, u-bahn: herrengasse

100% CHAMPAGNE

(24) In den Verkaufsräumen der **Hofzuckerbäckerei Demel**, seinerzeit Hoflieferant der Habsburger Monarchie, sieht es aus wie in einem märchenhaften
Palast. Die Decke ist mit Blattgold verziert und überall hängen Spiegel und
glänzende Dekorationen. Hier kauft man kleine Kunstwerke aus Fondant,
Schokolade und Marzipan. Im hinteren Teil des Geschäfts kann man durch
eine Glaswand den Zuckerbäckern bei der Arbeit zuschauen.
*kohlmarkt 14, www.demel.at, telefon: 01 5351717, geöffnet: täglich
9.00-19.00, u-bahn: herrengasse*

(25) Das Delikatessengeschäft **Julius Meinl** ist seit Generationen ein Begriff
unter Wiener Genießern. Auf zwei Etagen findet man alles, was die Welt
an kulinarischem Luxus zu bieten hat. So gibt es Kaviar aus dem Iran und
Trüffelpolenta aus dem Piemont. Das Geschäft ist fast zu klein für all die
Köstlichkeiten, die einem das Wasser regelrecht im Mund zerfließen lassen.
Im gleichen Gebäude befinden sich auch ein Restaurant, ein Café, eine
Sushibar und eine Weinbar. Feinschmecker willkommen!
*graben 19, www.meinlamgraben.at, telefon: 01 5323334, geöffnet:
mo-fr 8.00-19.30, sa 9.00-18.00, u-bahn: stephansplatz*

(28) Champagnerliebhaber sind im **Le Cru** bestens aufgehoben. Der freundliche
Eigentümer verkauft exklusiven Champagner kleiner französischer Keltereien,
und jede Woche ist eine andere Sorte im Angebot. Außerdem besteht immer
die Möglichkeit, verschiedene Champagnersorten zu probieren. Die Preise
variieren, aber für 29 Euro bekommt man schon eine gute Flasche des
prickeligen Vergnügens.
*petersplatz 8, www.lecru.at, telefon: 01 5334260, geöffnet: di-fr
12.00-21.00, sa 12.00-18.00, u-bahn: stephansplatz*

MEINL'S MOZARTKUGELN

JULIUS MEINL ㉕

100 % there

(10) Ein Auftritt der berühmten **Wiener Sängerknaben** ist dort am schönsten, wo sie zu Hause sind: in der Hofburgkapelle der Hofburg. Der Knabenchor besteht ausschließlich aus Alt- und Sopranstimmen. Wer in den Stimmbruch kommt, muss den Chor verlasen. Die hundert jungen Mitglieder sind auf vier verschiedene Chöre aufgeteilt, die mit identischem Repertoire in der ganzen Welt auftreten. Sehens- und hörenswert!

hofburgkapelle hofburg, www.wsk.at, eintritt: 26 €, u-bahn: herrengasse

(15) Wien ist die ideale Stadt für Radfahrer. An mehr als 65 elektronischen Fahrradstationen können Sie ein **Citybike** mieten. Die Anmeldung kostet 1 Euro und erfolgt über Kreditkarte. Die erste Stunde ist kostenlos, danach zahlt man ein paar Euros pro Stunde. Nach der Benutzung stellt man das Fahrrad an einer beliebigen Fahrradstation einfach wieder ab. Praktisch! Die Stationen sind auf der Webseite verzeichnet.

www.citybikewien.at

(23) Der **Kohlmarkt** – ein banaler Name für die Straße mit den teuersten Geschäften Wiens! Hier haben große Namen wie Chanel, Burberry und Gucci ihre Showrooms. Lange bevor die Geschäfte am Morgen öffnen, sieht man schon japanische Touristen vor den Türen des Louis-Vuitton-Shops warten. Kaum vorstellbar, dass hier einst ein Kohlenmarkt war. Zur Weihnachtszeit ist die Straße stimmungsvoll beleuchtet.

kohlmarkt, u-bahn: herrengasse

Zentrum Hofburg

Beginn:U-Bahn-Station Stephansplatz. Hinter dem Stephansdom liegt ein Teehaus (1). Zurück zur U-Bahn und rechts in den Graben. Biegen Sie in die dritte Straße links: die Dorotheergasse. Lust auf Kaffee und Brötchen? (2) (3). Danach rechts in die Stallburggasse (4) und am Ende links. Gehen Sie an der Spanischen Hofreitschule vorbei und biegen Sie in die zweite Straße links, vorbei am Auktionshaus (5). Danach rechts und sofort wieder rechts in die Spiegelgasse. Biegen Sie am Ende links ab und gehen Sie bis zum Museum Albertina. Um das Museum herum kommen Sie zum Burggarten (6). Über den Ring und dann in die Babenbergerstraße. An der belebten Straße geht's nach rechts. Rechts sehen Sie nun die beiden größten Museen Wiens (7) (8). Zwischen den Gebäuden und dem Garten hindurch taucht die Hofburg auf (9) (10) (11) (12). Gehen Sie über den Michaelerplatz und links in die Schauflergasse. Durch den Volksgarten geht's zurück zum Ring. Biegen Sie am Parlament (13) rechts ab und vor dem Burgtheater (14) wieder rechts (gegenüber gibt es Fahrräder (15)). Über die Bankgasse geht's weiter in die Herrengasse, wo Sie links und danach die erste Straße rechts abbiegen. Sie stehen nun auf der Freyung. Hier gibt es ein Café und ein Museum (16) (17). Nehmen Sie die erste Straße rechts. An der Ecke befindet sich eines der ältesten Wiener Kaffeehäuser (18). Biegen Sie links ab, um auf den Michaelerplatz (19) (20) zu gelangen. Neben der Kirche (21) können Sie österreichische Trachten (22) kaufen. Biegen Sie links in den vornehmen Kohlmarkt ein (23) (24) und nehmen Sie hinter dem Delikatessengeschäft Julius Meinl (25) die zweite Straße links (26). Die zweite Straße rechts heißt Am Hof. Sie führt zum Judenplatz (27). Überqueren Sie den Platz und gehen Sie in der Kurrentgasse rechts durch den Durchgang in die Kleeblattgasse. Biegen Sie rechts ab in Richtung Tuchlauben. Wieder rechts und die zweite Straße links (Champagner probieren!) (28). Geradeaus geht es an der Rückseite der Kirche entlang (29). Die Straße links ist der Bauernmarkt (vegetarisches Restaurant) (30). Folgen Sie der Straße bis zum Hohen Markt (31). Dann links und sofort wieder rechts in die Judengasse. Gehen Sie schräg geradeaus an der ältesten Kirche der Stadt (32) vorbei die Stufen hinunter. Rechts liegt die U-Bahn-Station Schwedenplatz.

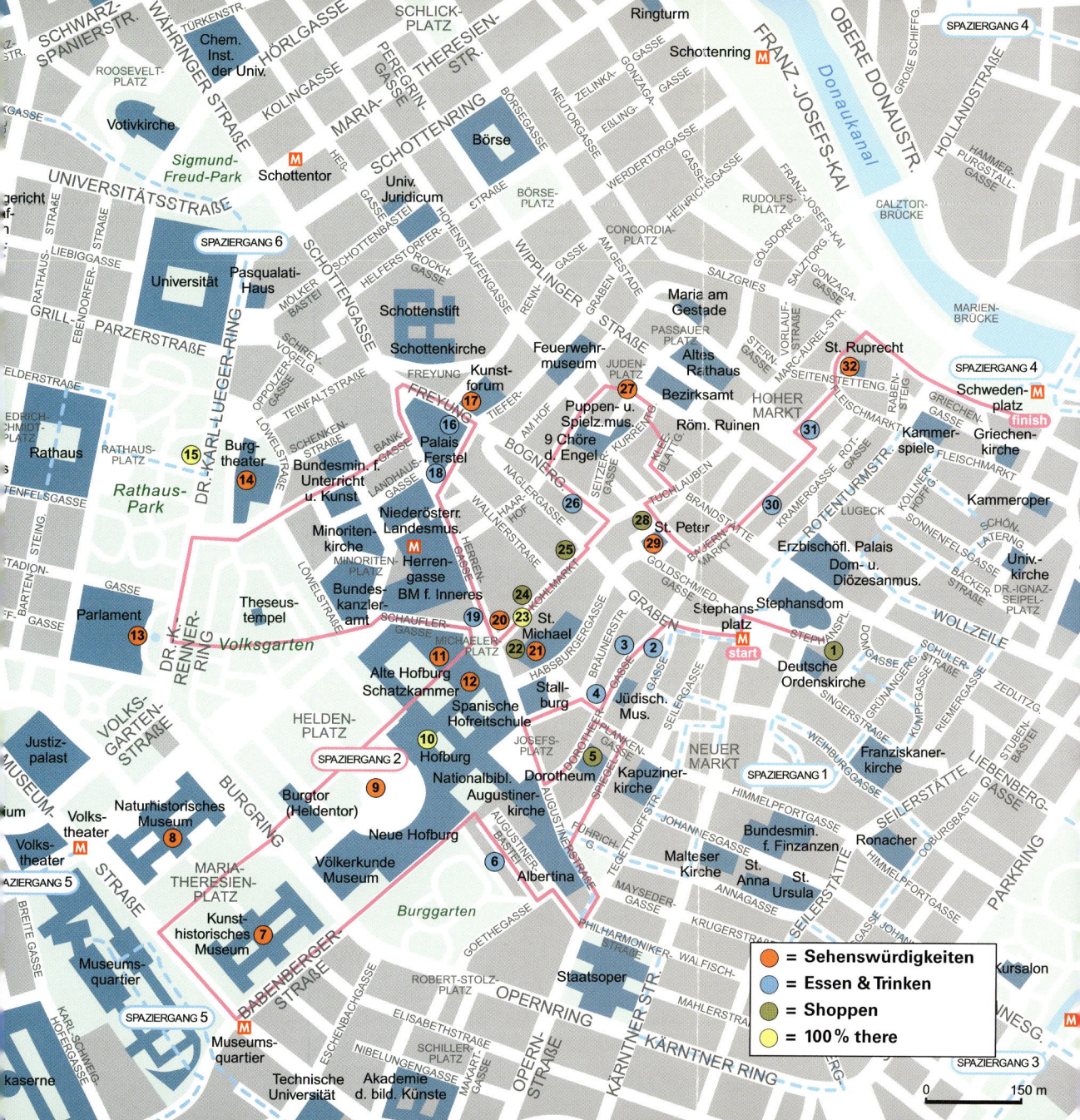

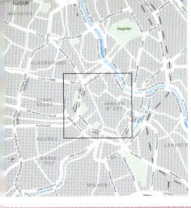

Wieden & Margareten

Kunst, Kultur und kreative Köpfe

Die beiden Viertel Wieden und Margareten südlich des Zentrums könnten unterschiedlicher nicht sein. Wieden ist die exklusive Gegend der Botschaften und Konsulate mit vielen Gebäuden des späten 19. Jahrhunderts sowie zahlreichen Sehenswürdigkeiten. Margareten dagegen ist der alternativste Stadtteil Wiens mit kleinen Boutiquen, kultigen Cafés und dem unwiderstehlichen Naschmarkt.

Zwischen beiden liegt der Karlsplatz. Einst war dies ein monumentaler Platz, der jedoch im Zweiten Weltkrieg weitgehend zerstört und danach ziemlich unstrukturiert wiederaufgebaut wurde. An diesem Platz liegen unter anderem die prachtvolle, barocke Karlskirche sowie das Wien Museum, das einen sehr guten Einblick in die Stadtgeschichte gibt. Ganz in der Nähe des Karlsplatzes befindet sich der Musikverein – für viele der beste Konzertsaal der Welt. Hier findet jedes Jahr das traditionelle Neujahrskonzert statt, das in viele Länder live übertragen wird.

3

Im majestätischen Wieden liegt der große barocke Schlosskomplex Belvedere. Er wurde um das Jahr 1720 vor den Toren der Stadt erbaut – in einer beim Adel sehr beliebten, sanften Hügellandschaft. Zwischen den beiden Schlössern laden große Gärten zum Spazierengehen und Picknicken ein. Im Belvedere befindet sich eine einzigartige Sammlung mit Werken österreichischer Maler. Highlight ist *Der Kuss* von Gustav Klimt.

Hinter dem Karlsplatz beginnt Margareten, der Hotspot Wiens. Hätte jemand das vor fünfzig Jahren behauptet, hätte man ihn ausgelacht. Doch an allen Ecken dieses ehemaligen Arbeiterviertels boomt das kreative Leben. Zu entdecken gibt es originale Modegeschäfte, Galerien, ein wunderbares Kino aus den 50er-Jahren und viele angesagte Restaurants. Wo heute Straßen verlaufen, lagen früher Kanäle mit Mühlen. Straßennamen wie Mühlgasse und Heumühlgasse erinnern noch an diese Zeit. Höhepunkt von Margareten ist der belebte und beliebte Naschmarkt mit zahlreichen Verkaufsständen voller exotischer Speisen.

6 Insider-Tipps

Naschmarkt

Kulinarisches auf dem größten Markt Wiens probieren.

Aromat

Himmlische französische Crêpes schlemmen.

Musikverein

Karten für die Wiener Philharmoniker ergattern.

Süssi

Sich mit Torte und Schokolade verwöhnen.

Café Drechsler

In einem Wiener Nachtcafé frühstücken.

Belvedere

Für den berühmten *Kuss* von Gustav Klimt schwärmen.

 Sehenswürdigkeiten

 Essen & Trinken

Shoppen

100 % there

Sehenswürdigkeiten

(1) Das überwältigende **Belvedere** besteht aus zwei Barockschlössern, zwischen denen sich ein wundervoller Schlossgarten erstreckt. Das Untere Belvedere wurde 1717 erbaut und diente als Sommerresidenz und Bibliothek für Prinz Eugen von Savoyen. Heute bestaunt man hier moderne Kunst. Das Obere Belvedere aus dem Jahr 1722 wurde für offizielle Anlässe genutzt. Auch hier wird heute Kunst gezeigt, und zwar die weltweit größte Gustav-Klimt-Sammlung. Absolutes Highlight ist das mit Gold bearbeitete Gemälde *Der Kuss*. Ein Hochgenuss für Gartenfreunde: Neben dem Belvedere liegt der Botanische Garten mit über neuntausend Pflanzen- und Baumsorten.
rennweg 6, www.belvedere.at, telefon: 01 795570, geöffnet: täglich 10.00-18.00, eintritt: 14 € (kombiticket), u-bahn: stadtpark/karlsplatz

(2) Viele Wiener finden es überhaupt nicht schlimm, dass das Helden-denkmal der Roten Armee, auch **Russendenkmal** genannt, hinter einer großen Fontäne versteckt liegt. Die Russen befreiten Wien 1945 und verloren dabei 17.000 Soldaten. Weil ihr Befreiungsakt alles andere als rücksichtsvoll war, heißt das protzige Mahnmal im Volksmund auch "Denkmal des unbekannten Plünderers".
schwarzenbergplatz, u-bahn: stadtpark

(3) Die **französische Botschaft** entstand 1901 als Hommage an den französischen Art nouveau, der damals in Wien noch gänzlich unbekannt war. Den Wienern erschien der Baustil eher orientalisch und daher behauptete man spöttisch, die Wiener Bauzeichnungen seien mit denen für die französische Botschaft in Istanbul verwechselt worden.
ecke schwarzenbergplatz/gusshausstraße, u-bahn: karlsplatz

(10) Die beiden **Karlsplatz-Pavillons** aus dem Jahr 1898 wurden vom Jugendstilarchitekten Otto Wagner entworfen. Die identischen Gebäude sind mit Marmor und Gold geschmückt und mit Sonnenblumen- und Pflanzenmotiven verziert. Einer der beiden Pavillons dient als Café, der andere beherbergt ein Dokumentationszentrum über Otto Wagner.
karlsplatz, www.wienmuseum.at, telefon: 01 50587470, geöffnet: apr.-okt., di-so 10.00-18.00, eintritt 2 €, erster so im monat frei, u-bahn: karlsplatz

(11) Wer in die Geschichte Wiens eintauchen möchte, der sollte das **Wien Museum** besuchen, denn hier erfährt man alles über die Historie der Stadt. Zu sehen gibt es Gemälde, archäologische Funde, Modelle der Stadt, Fotos, die Originale der Buntglasfenster aus dem Stephansdom und einen Nachbau des Wohnzimmers des Architekten Adolf Loos.

karlsplatz, www.wienmuseum.at, telefon: 01 50587470, geöffnet: di-so 10.00-18.00, eintritt: 6 €, erster so des monats frei, u-bahn: karlsplatz

(12) 1713 wurde Wien von der Pest heimgesucht. Kaiser Karl VI. legte in seiner Verzweiflung das Versprechen ab, eine Kirche zu bauen, sobald die Epidemie vorbei sei. Es dauerte aber noch fast 25 Jahre, bis die wundervolle barocke **Karlskirche** fertiggestellt war. Tribut an die Klassik: Die beiden Säulen an der Vorderseite sind der römischen Trajanussäule nachempfunden. Das Portal dagegen hat die Form eines griechischen Tempels. Die 74 Meter hohe Kuppel ist mit Fresken von Johann Michael Rottmayr verziert. Eine gute Idee: Ein gläserner Aufzug bringt die Besucher nach oben, damit sie die Deckenmalereien aus der Nähe betrachten können.

karlsplatz, www.karlskirche.at, telefon: 01 5056294, geöffnet: mo-sa 9.00-12.30 & 13.00-18.00, so 13.00-17.45, eintritt: 6 €, u-bahn: karlsplatz

(30) Die linke Wienzeile säumen viele prachtvolle Gebäude, aber die schönsten sind die beiden Jugendstilhäuser von Otto Wagner aus dem Jahr 1898. Das sogenannte **Majolikahaus** mit der Hausnummer 40 ist mit Blumenmotiven, glasierten Fliesen und kleinen Balkonen verziert. Das Gebäude mit der Nummer 38 dagegen ist wegen seiner spektakulären abgerundeten Eck-bebauung berühmt. Die weiße Fassade ist zudem mit goldenen Ornamenten geschmückt, und auf dem Dach stehen Statuen rufender Frauen.

linke wienzeile 38 & 40, u-bahn: kettenbrückengasse

Essen & Trinken

(4) Der traditionell österreichische **Gmoa Keller** ist zwar ein wenig verlebt, aber dennoch eine Spitzenadresse der einfachen Wiener Küche. Daher ist das Gmoa auch immer gut besucht. Reservierung empfehlenswert.
am heumarkt 25, www.gmoakeller.at, telefon: 01 7125310, geöffnet: mo-sa 11.00-0.00, preis: 12,50 €, u-bahn: stadtpark

(9) Auf der Karte des **Dock 5** stehen hauptsächlich Fisch und Meeresfrüchte. Die Einrichtung des Restaurants mit angeschlossener Bar ist modern-maritim. Egal, ob man nur etwas trinken oder ein ganzes Menü bestellen möchte: Im Dock 5 ist man richtig. Die Pasta mit Hummer ist ein Gedicht.
karlsplatz 5, www.dock5.eu, telefon: 01 5053839, geöffnet: täglich 17.00-2.00, preis: 15 €, u-bahn: karlsplatz

(13) Das angesagte **Kunsthallencafé** gehört zum Project Space. Hierher kommen Ausstellungsbesucher, Studenten und Touristen. Bei gutem Wetter sitzt man mitten auf dem Karlsplatz mit Blick auf die Karlskirche. Jeden Abend legt ein DJ auf.
treitlstraße 2, www.kunsthallencafe.at, telefon: 01 5870073, geöffnet: täglich 10.00-2.00, preis: prosecco 3,50 €, u-bahn: karlsplatz

(18) In der **Paninoteca** schmecken die Panini wie in Italien. In diesem einfachen, aber geschmackvoll eingerichteten Laden gibt es Sandwiches, dazu echten italienischen Kaffee oder Bionade – alles auch zum Mitnehmen.
margaretenstraße 22, www.paninoteca.at, telefon: 0699 17118192, geöffnet: mo-mi 12.00-20.00, do-fr 12.00-22.00, sa 12.00-2.00, preis: panino 4,60 €, u-bahn: kettenbrückengasse

(19) In dem winzig kleinen Frühstückscafé **The Breakfast Club** fühlt man sich wie bei Freunden zu Hause. Die Produkte sind biologisch und alles wird vor den Augen der Gäste frisch zubereitet. Zu empfehlen: das Wiener Frühstück mit frischem Obst, Ei, Brot und Kaffee. Man braucht etwas Glück, um einen Platz zu ergattern, denn meistens ist es sehr voll.
schleifmühlgasse 12-14, telefon: 01 5812692, geöffnet: mo-fr 6.00-14.00, sa-so 6.00-15.00, preis: frühstück ab 3,50 €, u-bahn: kettenbrückengasse

㉒ Einen Bummel über den Naschmarkt beschließt man am besten mit einem Glas österreichischem Sekt im **Sektcomptoir Szigeti**. Wer es nicht mehr abwarten kann: Hier darf man die Leckereien, die man vom Naschmarkt mitgebracht hat, auch gleich auspacken und probieren. Teller und Besteck liegen in der Küche für die Gäste bereit. Praktisch und gemütlich.
schleifmühlgasse 19, telefon: 0664 4325388, geöffnet: di-fr 17.00-23.00, sa 12.00-18.00, preis: glas sekt 3 €, u-bahn: kettenbrückengasse

(23) Das **Acht ein Halb** ist nicht nur ein Kneipencafé, sondern auch eine kleine gemütliche Osteria (italienische Gaststätte), in der klassische italienische Antipasti und Hauptgerichte wie Tagliatelle mit Pesto serviert werden. Das Menü steht mit Kreide auf Schultafeln geschrieben. Auf der Weinkarte befinden sich gute italienische und österreichische Weine. Buon apetito!
schleifmühlgasse 20, telefon: 01 5856323, geöffnet: mo-sa 10.00-14.00 & 18.00-1.00, preis: 10 €, u-bahn: kettenbrückengasse

(25) Am Naschmarkt gibt es viele Speiselokale, in denen man gut essen kann. Besonders empfehlenswert ist das gemütliche **Neni**. Es ist das einzige Restaurant mit zwei Etagen, und die Einrichtung erinnert an eine trendy Strandbar. Unbedingt probieren sollte man die Thunfischfalafel mit Salat oder das Lammfleisch mit karamellisierten Süßkartoffeln. Bei schönem Wetter ist die Terrasse auf dem angebauten Steg geöffnet.
naschmarkt 510, www.neni.at, telefon: 01 5852020, geöffnet: mo-sa 8.00-24.00, preis: thunfischfalafel 9 €, u-bahn: kettenbrückengasse

(26) Türkisches Frühstück am Morgen, einen Caffè Latte am Nachmittag, ein Bier oder einen Cocktail am Abend ... das beliebte **Naschmarkt Deli** ist zu jeder Tageszeit einen Besuch wert. Jeden Abend legt ein DJ auf oder es gibt Live-Auftritte. Zu voll? Versuchen Sie es eine Tür weiter im Orient Occident.
naschmarkt stand 421-436, www.naschmarkt-deli.at, telefon: 01 5850823, geöffnet: mo-sa 8.00-24.00, preis: türkisches frühstück 7,10 €, u-bahn: kettenbrückengasse

(27) Die Gebrüder **Umar** betreiben auf dem Naschmarkt einen Fischstand, der für seine vielen verschiedenen Fischsorten berühmt ist. Das Prinzip ist ganz einfach: Man tritt an die mit Eis gefüllte Wanne voller Fische und deutet auf das Exemplar, das man gerne haben möchte. Dann nimmt man den Fisch entweder mit nach Hause oder lässt ihn direkt vor Ort zubereiten: In dem kleinen, einfachen Imbisslokal gleich nebenan kann man sich den Fisch direkt in der Pfanne brutzeln lassen.
naschmarkt stand 76-79, www.umarfisch.at, telefon: 01 5870456, geöffnet: mo-sa 11.00-23.00, preis: lunch 12 €, u-bahn: karlsplatz

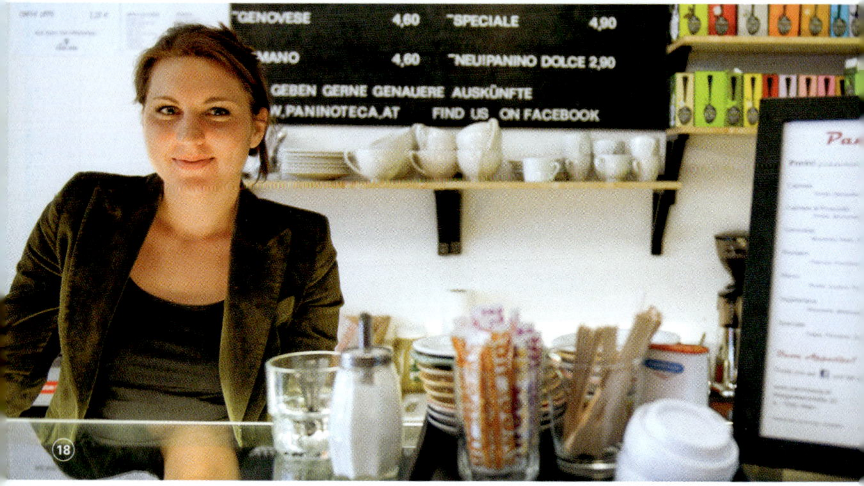
GENOVESE 4,60
SPECIALE 4,90
MANO 4,60
NEU!PANINO DOLCE 2,90
GEBEN GERNE GENAUERE AUSKÜNFTE
W.PANINOTECA.AT
FIND US ON FACEBOOK

18

33

28

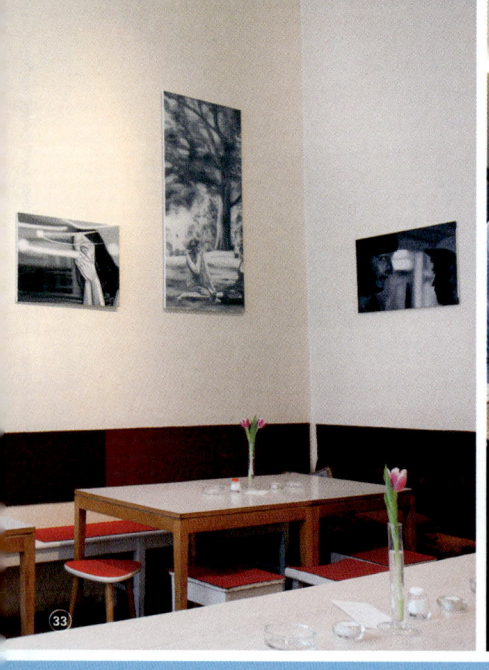

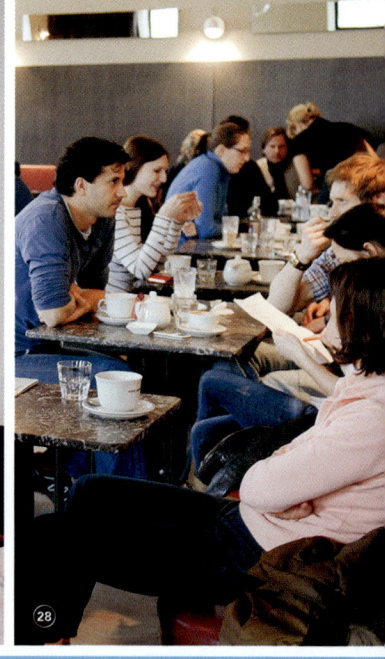

(28) Das **Café Drechsler** ist ein relaxtes Kaffeehaus – eine echte Wiener Institution. Egal, ob man nach dem Clubbesuch am frühen Morgen oder am späten Nachmittag kommt: Im Drechsler ist man (fast) immer willkommen. Denn dieses Nachtcafé ist von Dienstag bis Samstag nur zwischen 2.00 und 3.00 Uhr nachts geschlossen. Zu allen anderen Zeiten kann man hier ein Bierchen trinken, frühstücken oder traditionell österreichisch essen.
linke wienzeile 22, www.cafedrechsler.at, telefon: 01 5812044, geöffnet: mo 8.00-2.00, di-sa 3.00-2.00, so 3.00-24.00, preis: melange 3,40 €, u-bahn: kettenbrückengasse

(29) Zum Bummel über den Naschmarkt gehört auch ein Besuch im **Café Savoy**. Dieses etwas altbacken-kitschige Café macht von außen nicht den besten Eindruck, aber innen ist es urgemütlich – mit hohen bemalten Decken, Plüschsofas und riesigen Goldspiegeln. Samstags ist das Publikum bunt gemischt, abends trifft sich hier die homosexuelle Szene.
linke wienzeile 36, www.savoy.at, telefon: 01 5867348, geöffnet: täglich 12.00-2.00, preis: melange 3,20 €, u-bahn: kettenbrückengasse

(33) Das **Aromat** ist eine kleine französische Crêperie mit Hockern und Holztischen. In gemütlicher Wohnzimmeratmosphäre isst man Crêpes (süß) oder Galettes (herzhaft), von denen die verschiedensten Sorten auf der Karte stehen; die Küche erfüllt aber auch gerne Sonderwünsche. Bei schönem Wetter trifft man sich auf der kleinen Terrasse.
margaretenstraße 52, www.arom.at, telefon: 01 9132453, geöffnet: di-so 17.00-23.00, preis: crêpe 8 €, u-bahn: kettenbrückengasse

(37) Im gemütlichen **Schloss Quadrat** gibt es gleich vier verschiedene Cafés und Restaurants. Im Café Cuadro kann man frühstücken, Hamburger essen oder Cocktails trinken. Das Restaurant Margareta backt die besten Pizzen Wiens. Der Silberwirt ist ein österreichisches Beisl (Wirtshaus), in dem Schnitzel und Palatschinken (Crêpes) serviert werden. Und wer lieber ein Steak möchte, der geht ins Gergely's. Im Sommer kann man überall im Innenhof im Freien essen.
margaretenstraße 77, www.schlossquadr.at, telefon: 01 5447550, geöffnet: margareta & silberwirt täglich 12.00-24.00, cuadro mo-sa 8.00-24.00 & so 9.00-23.00, gergely's di-sa 18.00-1.00, preis: ab 7 €, u-bahn: pilgramgasse

Shoppen

(7) Die Flügel von **Bösendorfer** werden noch voll und ganz von Hand gefertigt. Es dauert mindestens ein Jahr, bis ein solches Prachtstück fertig ist. Neben vielen klassischen Konzertpianisten (wie Valentina Lisitsa oder Alexander Schimpf) schwören auch Tori Amos, Peter Gabriel und Elvis Costello auf diese Edel-Pianos.
bösendorfer straße 12 (eingang canovagasse) , www.boesendorfer.com, telefon: 01 5046651310, geöffnet: mo-fr 9.00-18.00, u-bahn: karlsplatz

(14) **Das Kunstwerk** ist – wie der Name schon sagt – ein Designgeschäft mit Kunstwerken zum Einrichten. Hier findet man Möbel, Glas und Leuchter in Jugendstil und Art déco. Es gibt auch Arbeiten großer österreichischer Künstler wie Otto Wagner oder Adolf Loos. Die beiden freundlichen Besitzerinnen führen interessierte Besucher gerne durch den Laden.
operngasse 20, www.daskunstwerk.at, telefon: 0650 2309994, geöffnet: mo-fr 13.00-19.00, sa 10.00-14.00, u-bahn: karlsplatz

(15) Im **Süssi** scheint die Zeit stehengeblieben zu sein. Der entzückende kleine Laden ist im wahrsten Sinne des Wortes einfach süß. Naschkatzen werden sich hier zwischen all den französischen Leckereien, Törtchen und Schokoladenpralinen wie im siebten Himmel fühlen. Man kann die süße Versuchung im Laden kaufen und mitnehmen. Oder man bestellt sich einen Kaffee oder Tee dazu und lässt sich im kuscheligen Teesalon in einem Meer von Kitsch aus Kaisers Zeiten nieder.
operngasse 30, www.suessi.at, telefon: 0699 12590464, geöffnet: di-sa 11.00-21.00, so 13.00-21.00, u-bahn: karlsplatz

(16) Ladenbesitzer Niki von **Little Joe's Gang** ist ständig auf der Suche nach neuen Vintagestücken. Die Ergebnisse seiner "Beutezüge" verkauft er in seinem kleinen Laden, der bei den Künstlern aus der Nachbarschaft sehr beliebt ist. Sie erstehen bei Niki zum Beispiel alte Chanel-Sonnenbrillen oder ein Paar Dandyschuhe.
operngasse 34, telefon: 01 9667534, geöffnet: mo-fr 14.00-18.00, sa 12.00-17.00, u-bahn: karlsplatz

(17) Die Objekte im **Gabarage** stammen von jungen Designern und
bestehen aus recyceltem Material – upcycling nennt man das hier. In
der Werkstatt hinter dem Geschäft werden die Objekte von 25 ehemaligen
Drogenabhängigen hergestellt, die auf diese Weise wieder ins Arbeitsleben
integriert werden sollen. Hier finden Sie so ausgefallene Objekte wie Stühle
aus umgebauten Mülltonnen und Pendelleuchten aus ehemaligen Fahrrad-
schläuchen. Tolle Unikate!

schleifmühlgasse 6, www.gabarage.at, telefon: 01 5857632, geöffnet:
mo-fr 10.00-18.00, sa 10.00-15.00, u-bahn: karlsplatz

㉛ DER KLEINE SALON

㉚ Das **Flo** ist weltberühmt unter Fans der Vintage-Haute-Couture. Wer ein Chanelkleid aus dem Jahr 1960 oder einen Armani-Anzug aus den 80ern sucht, der ist hier an der richtigen Adresse. Designer der großen Modehäuser tauchen auch immer wieder mal auf, um sich für ihre neuen Kollektionen inspirieren zu lassen. Selbst mit beschränktem Budget lässt sich hier das ein oder andere Lieblingsstück finden.

schleifmühlgasse 15a, www.vintageflo.com, telefon: 01 5860773, geöffnet: mo-fr 10.00-18.30, sa 10.00-15.30, u-bahn: kettenbrückengasse

(21) Das **Babette's** ist ein besonders ausgefallenes Kochbuchgeschäft. Hier findet man nicht nur englische und deutsche Kochbücher, sondern auch gleich die passenden Gewürze dazu. Jeden Tag kocht die Besitzerin eine einfache Mahlzeit für die Besucher. Einfach dazusetzen!
schleifmühlgasse 17, www.babettes.at, telefon: 01 5855165, geöffnet: mo-fr 10.00-19.00, sa 10.00-17.00, u-bahn: kettenbrückengasse

(31) Im Erdgeschoss von Otto Wagners wundervollem Majolikahaus liegt der Modeshop **Der kleine Salon** – mit hipper Kindermode, lustigen Souvenirs für die Nichten zu Hause und eleganten Outfits für die Mama. Eines der wenigen Geschäfte in Wien, die dänische, schwedische und spanische Marken wie Bangbang, Littl by Lilit und Mini Rodini führen.
linke wienzeile 40, www.derkleinesalon.at, telefon: 0676 9641616 , geöffnet: mo-do 10.00-14.00, fr 10.00-18.00, sa 10.00-15.00, u-bahn: kettenbrückengasse

(32) Eine der ausgefallensten Designerboutiquen Wiens ist das **Elfenkleid**. Die österreichischen Designerinnen Sandra Thaler und Annette Prechtl verkaufen, wie der Name bereits verrät, elfengleiche Gewänder: bodenlange, elegante Kleider, aber auch Hosen und Oberteile.
margaretenstraße 39, www.elfenkleid.com, telefon: 01 2085241, geöffnet: di-sa 11.00-18.00, u-bahn: kettenbrückengasse

(34) In dem romantischen kleinen Laden **Feine Dinge** findet man Geschirr, Vasen und Teelichthalter – alles von der Österreicherin Sandra Haischberger mit viel Geschick von Hand hergestellt. Echte Kunstwerke!
krongasse 20, www.feinedinge.at, telefon: 0699 10100177, geöffnet: di 11.00-16.30, mi-do 13.00-19.30, fr 11.00-19.30, sa 11.00-17.00, u-bahn: pilgramgasse

(36) Das entzückende kleine Modegeschäft **Le Miroir** verkauft Kreationen französischer Designer wie Cop Copine und Floh: elegante, fröhliche Kleider und Accessoires zu durchaus bezahlbaren Preisen. Stöbern Sie nach Herzenslust herum und probieren Sie das ein oder andere Stück!
strobachgasse 2, www.lemiroirwien.com, geöffnet: di-mi und fr 12.00-19.00, do 12.00-20.00, sa 10.00-18.00, u-bahn: pilgramgasse

100 % there

(5) Beim **Wiener Eislaufverein** kann man Schlittschuhe ausleihen und unter freiem Himmel gleich ein paar Runden drehen. An den kleinen Ständen werden warme Getränke ausgeschänkt. Im Sommer wird aus der Eisbahn der Beachclub Sand in the City: Cocktail trinken und den DJs lauschen!
lothringerstraße 22, www.wev.or.at, telefon: 01 71363530, geöffnet: nov.-febr. di-do 9.00-21.00, fr 9.00-22.00, sa-mo 9.00-20.00, eintritt: ab 5,50 €, u-bahn: stadtpark

(6) Schon seit 1913 verzaubert das **Wiener Konzerthaus** seine Besucher mit einer Mischung aus klassischer und moderner Musik. Berühmte Orchester wie die Wiener Symphoniker und das Wiener Kammerorchester sind hier zu Hause. Im großen Jugendstilsaal treten auch Künstler wie Herbie Hancock und Leonard Cohen auf. Abends wird das Gebäude spektakulär beleuchtet.
lothringerstraße 20, konzerthaus.at, telefon: 01 242002, geöffnet: kasse mo-fr 9.00-19.45, sa 9.00-13.00 und ab eine dreiviertelstunde vor konzertbeginn, preis: karten ab 20 €, u-bahn: stadtpark

(8) Wer eine der sündhaft teuren Karten für das weltberühmte Neujahrskonzert im **Musikverein** ergattern will, muss spätestens am 2. Januar seinen Antrag stellen, sonst nimmt man an der Verlosung nicht teil. Zum Glück treten die Wiener Philharmoniker häufiger auf. Kenner behaupten, dass die Akustik des Konzertsaals eine der besten der Welt ist.
bösendorferstraße 12, www.musikverein.at, telefon: 01 5058190, geöffnet: kasse mo-fr 9.00-20.00, sa 9.00-13.00 und ab einer stunde vor konzertbeginn, preis: karten ab 20 €, stehplatz 5 €, u-bahn: karlsplatz

(24) Der **Naschmarkt** ist der größte und exotischste Markt Wiens. Hier gibt es nichts, was es nicht gibt: von indischem Curry über frische Pasta und lebende Karpfen bis hin zu Sushi. Viele Marktstände wurden zu kleinen Restaurants umgebaut. Samstags verkaufen Landwirte und Winzer aus der Region ihre Weine und Käsespezialitäten. In der Nähe: der größte Trödelmarkt Wiens.
linke und rechte wienzeile, www.wienernaschmarkt.eu, geöffnet: mo-do 6.00-18.30, fr 6.00-17.00, feste marktstände mo-sa 6.00-22.00, flohmarkt und bauernmarkt sa 6.00-17.00, u-bahn: karlsplatz

MUSIKVEREIN ⑧

㉟ Eine Filmvorführung im **Filmcasino** garantiert einen unvergesslichen Kinoabend. Das Kino aus den 50er-Jahren ist eines der ältesten und kleinsten Kinos der Stadt. Das ursprüngliche Interieur ist noch vollständig erhalten und absolut sehenswert. Alle Filme werden in Originalfassung mit deutschen Untertiteln gezeigt. Jetzt heißt es nur noch: in den Sesseln versinken und sich nach Hollywood träumen.

margaretenstraße 78, www.filmcasino.at, telefon: 01 5879062, geöffnet: vorstellungen täglich 17.45, 20.00 und 22.00, preis: karten mo 6 €, di-so ab 6,50 €, u-bahn: pillgramgasse

Wieden & Margareten

SPAZIERGANG 3

Beginn: Schlosskomplex Belvedere ① . Am Ausgang des Unteren Belvedere biegen Sie links in den Rennweg ein, der zum Schwarzenbergplatz ② ③ führt. Nehmen Sie hier die zweite Straße rechts bis zum Heumarkt (traditionelle österreichische Küche) ④ . Weiter geht's die zweite Straße links und danach links um das große Hotel herum in die Lothringerstraße. Links liegen die Eislaufbahn ⑤ und das Wiener Konzerthaus ⑥ . Überqueren Sie die belebte Straße und folgen Sie der Straße schräg rechts. Biegen Sie in die erste Straße rechts, die Canovagasse. Hier hat der Klavierbauer Bösendorfer ⑦ seinen Sitz. Biegen Sie zweimal jeweils in die erste Straße links ein am Musikverein ⑧ vorbei. Rechts liegt ein Fischrestaurant ⑨ . Überqueren Sie die Straße. Auf dem Karlsplatz ⑩ ⑪ ⑫ liegt rechts das Kunsthallencafé, wo man hervorragend zu Mittag essen kann ⑬ . Biegen Sie hinter dem Café links in die Operngasse. Hier kommen Sie an einem Designgeschäft, einem französischen Teesalon und einem Geschäft für Vintage-Mode vorbei ⑭ ⑮ ⑯ . In der Schleifmühlgasse liegen links ⑰ , geradeaus ⑱ und rechts zahlreiche ausgefallene Geschäfte ⑲ ⑳ ㉑ ㉒ ㉓ Wenn Sie die Schleifmühlgasse rechts verlassen, gelangen Sie auf den Naschmarkt ㉔ mit all seinen exotischen Ständen und kleinen Speiselokalen ㉕ ㉖ ㉗ . Gegenüber auf der Linken Wienzeile sehen Sie zwei typisch österreichische Cafés, ein Gebäude von Otto Wagner und ein nettes kleines Geschäft ㉘ ㉙ ㉚ ㉛ . Biegen Sie gegenüber vom Wagner-Gebäude in die Kettenbrückengasse und wenden Sie sich nach links in die Schönbrunner Straße. Gehen Sie die erste Straße rechts zur Heumühlgasse. Biegen Sie rechts in die Margaretenstraße, wo einige sehenswerte Geschäfte liegen wie das Elfenkleid und eine Crêperie ㉜ ㉝ . In der dritten Straße links finden Sie Feine Dinge ㉞ . Weiter oben in der Margaretenstraße gibt es ein 50er-Jahre-Kino ㉟ und nicht weit davon entfernt auf dem Margaretenhof eine französische Modeboutique ㊱ . Der Spaziergang endet im gemütlichen Schloss Quadrat ㊲ . Von hier aus gelangen Sie über die Pilgramgasse zur gleichnamigen U-Bahn-Station.

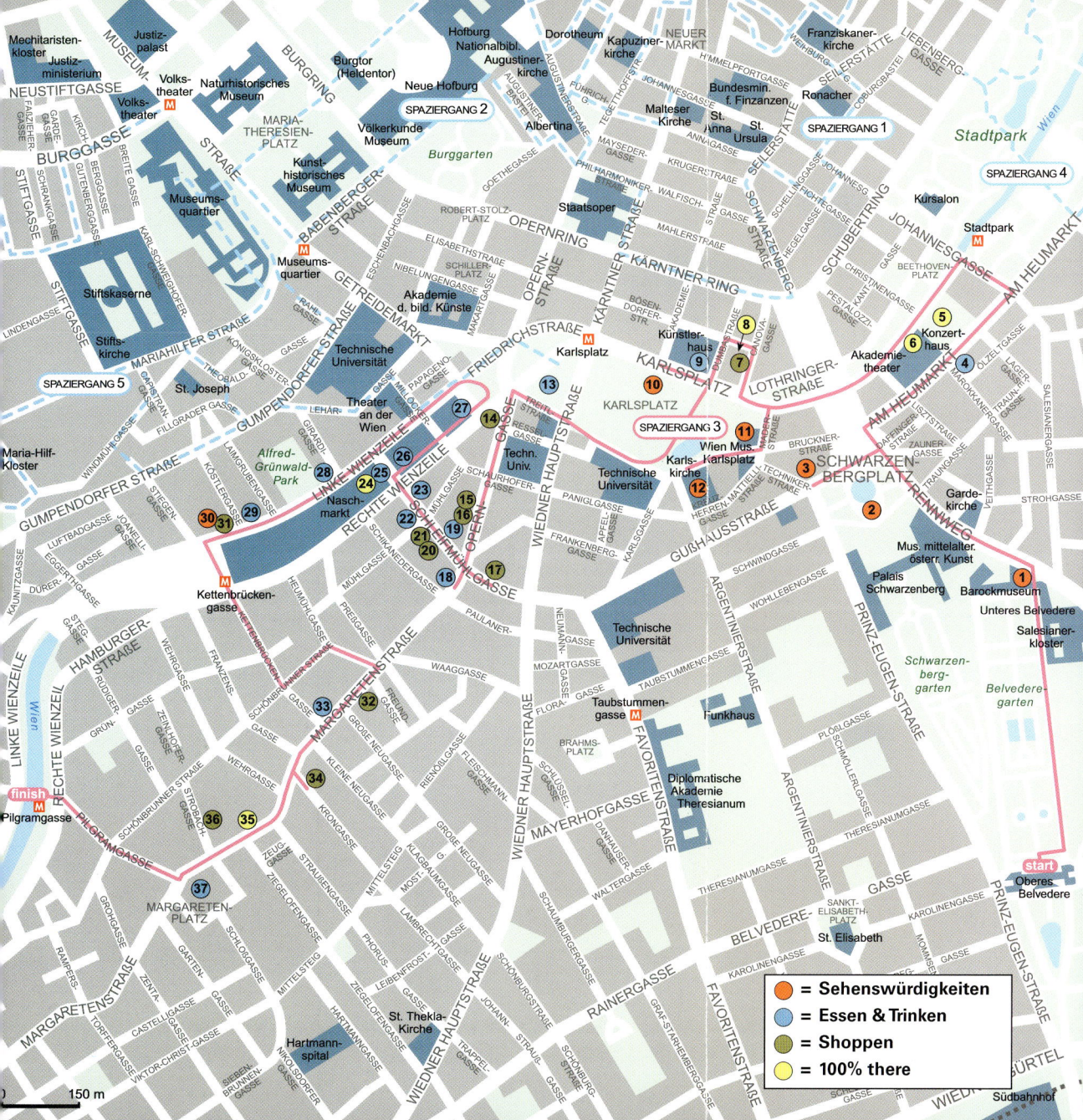

KARMELITER & LANDSTRAßE

Design und Parks, Hundertwasserhaus und Stadtstrand

Der Karmelitermarkt ist heute einer der Hotspots Wiens. Er hat noch immer keine offizielle Bezeichnung, denn keiner der Namen, die man sich bisher ausgedacht hat, fand eine Mehrheit im Stadtrat. Bis zum heutigen Tag kennen die Wiener den Markt daher als Karmelitermarkt, obwohl dieser Name auf keinem Stadtplan zu finden ist.

Zwischen den Marktständen gibt es viele nette Lokale und um den Karmelitermarkt herum haben angesagte österreichische Designer ihre Shops. Samstags geht es auf dem Markt besonders lebhaft zu. Dann verkaufen die Landwirte und Winzer aus dem Umland Käseprodukte, Wein und Honig und strömen die Wiener in Scharen herbei! Gleich um die Ecke vom Markt liegt der Augarten – ein großer Park, der von zwei Bunkern aus dem Zweiten Weltkrieg überragt wird. Bei schönem Wetter kann man hier herrlich relaxen und die Sonne genießen.

4

Zwischen den Vierteln Karmeliter und Landstraße fließt der Donaukanal. Von Mai bis September "the place to be"! Am Stadtstrand, in kleinen Bars und Restaurants, genießt halb Wien das gute Leben. Mit den Füßen im Sand schaut man den vorbeiziehenden Schiffen, Joggern und Radfahrern hinterher.

Das Viertel Landstraße wirkt auf den ersten Blick grau und langweilig, aber zwischen den Sozialwohnungen gibt es viele Sehenswürdigkeiten, von denen das farbenfrohe und fantasievolle Hundertwasserhaus zweifellos die bekannteste ist. Eine tolle Leistung von Friedensreich Hundertwasser, der von sich selbst behauptete, er sei "alles, aber auf keinen Fall ein Architekt".

Um die belebte Landstraßer Hauptstraße herum liegen kleine Geschäfte und Cafés. In der Nähe ist auch der Stadtpark, in dem das kitschige goldene Standbild des Walzerkönigs Johan Strauss ein beliebtes Fotomotiv abgibt. Durch den Park fließt die Wien und an ihrem Ufer laden Restaurants ein. Auf der anderen Seite des Parks: ein sehenswertes 60er-Jahre-Kino.

6 Insider-Tipps

Karmelitermarkt

Exotische Speisen direkt am Marktstand probieren.

Strandbar Herrmann

Cocktails am Donaukanal-Strand schlürfen.

Meierei im Stadtpark

Lavendelmilch trinken und aus 120 Sorten Käse wählen.

MAK

Die Kunst im Alltag entdecken.

Motto am Fluss

Ein Abendessen im Schiffsanleger genießen.

Kabine

Sich bei österreichischen Modedesignern einkleiden.

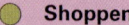 **Sehenswürdigkeiten**   **Essen & Trinken**

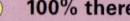 **Shoppen**   **100% there**

Sehenswürdigkeiten

(9) Am Karmeliterplatz steht die kleine weiße **Pfarrkirche St. Josef**. Diese Barockkirche ist auch unter dem Namen "ehemalige Karmeliterkirche" bekannt. Früher gehörte sie nämlich zum nahe gelegenen Karmeliterkloster, aber dieses Gebäude wurde schon vor über hundert Jahren abgerissen. Der goldene Altar und die schöne Kanzel sind auf jeden Fall sehenswert.
karmeliterplatz, www.st-leopold.at/st.josef/index.htm, u-bahn: taborstraße

(14) Otto Wagner vollendete die **Postsparkasse** 1906 im Stil der Wiener Secession, der Wiener Variante des Jugendstils. Er verwendete nüchterne Formen und Materialien wie Stahl und Granit und läutete damit das Zeitalter der modernen Architektur ein. Auch das Mobiliar in der großen Halle mit gläsernem Dach wurde von Wagner entworfen. Auf dem Gebäude stehen zwei beeindruckende Frauenfiguren von Othmar Schimkowitz.
georg-coch-platz 2, geöffnet: mo-fr 9.00-17.00, eintritt: frei, u-bahn: schwedenplatz

(16) Das **MAK** (Museum für angewandte Kunst) wurde 1864 als Museum für Kunst und Industrie gegründet, doch mittlerweile hat es sich zu einem der führenden Museen für angewandte Kunst gemausert. Zu sehen gibt es Möbel, Gebrauchsgegenstände und Skizzen u. a. von Josef Hoffmann und Koloman Moser. Ebenfalls nicht verpassen sollte man den Museumsshop und das Café mit dem ruhigen Garten.
stubenring 5, www.mak.at, telefon: 01 711360, geöffnet: di 10.00-0.00, mi-so 10.00-18.00, eintritt: so-fr 7,90 €, sa frei, u-bahn: atubentor

(23) 1687 entstand die barocke **Rochuskirche** auf den Trümmern einer alten Kirche, die während der Verteidigung der Stadt gegen die Türken verwüstet wurde. Das Interieur mit seinen weißen Gewölben und tief hängenden Kronleuchtern ist einfach prachtvoll. Die Messe in der Rochuskirche wird "mit dem Rücken zum Volk" gelesen: Der Priester schaut nicht die Kirchgänger an, sondern steht mit dem Gesicht zum Hochaltar.
landstraßer hauptstraße 54-56, www.oratorium.at, telefon: 01 7121015, u-bahn: rochusgasse

(31) Ein wunderbares Beispiel für die Jugendstilarchitektur der Stadt Wien ist das spektakuläre **Palais des Beaux Arts** mit seinen vielen Erkern und Balkonen. Das Gebäude wurde 1909 vom Architekten Josef Drexler ursprünglich für das Modezentrum Chic Parisienne entworfen, heute befinden sich darin größtenteils Appartements und Geschäftsräume.
löwengasse 47, u-bahn: landstraße

(32) Ob man es nun schön findet oder nicht: Etwas Besonderes ist das **Hundertwasserhaus** auf jeden Fall. Sein Schöpfer Friedensreich Hundertwasser bezeichnete sich selbst gerne als Amateurarchitekten. Typisch für seine Entwürfe sind die Verwendung knalliger Farben und das Fehlen gerader Linien. Auf den Dächern und Balkonen wachsen sogar Sträucher und Bäume! Hundertwasser schuf dieses Haus 1986 als Protest gegen die – in seinen Augen langweilige – moderne Architektur.
ecke löwengasse/kegelgasse, www.hundertwasserhaus.info, u-bahn: landstraße

(33) Das **Kunsthaus Wien** des Künstlers Hundertwasser erinnert an ein Märchenhaus aus einem Freizeitpark. Die Wände und Böden sind schief, die Keramikfliesen unregelmäßig und die Fassade ist bunt bemalt. Zwei Etagen des Museums sind dem vielfältigen Werk Hundertwassers gewidmet. Daneben gibt es wechselnde Ausstellungen anderer Künstler. Fröhlich und sehenswert!
untere weißgerberstraße 13, www.kunsthauswien.com, telefon: 01 7120491, geöffnet: täglich 10.00-19.00, eintritt: 9 €, u-bahn: landstraße

Essen & Trinken

(2) Eines der schönsten Wiener Cafés unter freiem Himmel ist die **Bunkerei** mitten im Augarten. Unter den Linden- und Kastanienbäumen vergisst man völlig, dass man sich in einer Großstadt befindet. Hier finden häufig Veranstaltungen statt – auch im Winter. Von April bis Oktober kann man sonntags, je nach Wetter, bei Livemusik brunchen.

obere augartenstraße 1a, www.bunkerei.at, telefon: 0676 9724370, geöffnet: täglich 11.00-20.00 (je nach wetter), preis: melange 2,70 €, u-bahn: rossauer lände/taborstraße

(4) Als die Georgierin Nana Ansari ihr Kochbuch *Die Georgische Tafel* fertig hatte, war sie auf den Geschmack gekommen: Sie eröffnete das **Madiani**, ein georgisches Café-Restaurant am Karmelitermarkt, in dem nur biologische Zutaten verwendet werden. Probieren sollte man Kwerebi, Blätterteig gefüllt mit Mozzarella und Frischkäse, oder den Auberginensalat. Für Freunde früher Stunden gibt es im Madiani auch ein Frühstück.

karmelitermarkt 21-24, http://madiani.com, telefon: 0664 4561217, geöffnet: mo-fr 8.30-22.00, sa 8.00-14.00, preis: kwerebi 6,90 €, u-bahn: taborstraße

(5) Im kleinen **Zimmer 37** gibt es "Essen pur": Verwendet werden nämlich ausschließlich Bioprodukte, Konservierungsmittel und Geschmacksverstärker wurden komplett aus der Küche verbannt. Delikatessen wie selbst gemachte Marmelade und Biowein gibt es auch zu kaufen. Vor dem Restaurant lädt eine hübsche kleine Terrasse zum gesunden Snack ein.

karmelitermarkt 37-39, www.zimmer37.at, telefon: 0699 17237311, geöffnet: mo-fr 9.00-20.30, sa 8.30-17.00, preis: 8 €, u-bahn: taborstraße

(12) Im Schiffsanleger am Donaukanal liegt das trendy **Motto am Fluss**. Von der Terrasse aus kann man im Liegestuhl lümmelnd den vorbeiziehenden Booten zusehen. Das Café hat eine kleine Karte; für den großen Hunger geht man hinüber ins Restaurant, wo die Küche herrliche Bio-Gerichte zaubert und das Brot selbst bäckt. Abends sorgt ein DJ für lässige Elektroklänge.

franz josefs kai/vorkai, www.motto.at/mottoamfluss, telefon: 01 2525511, geöffnet: täglich 8.00-2.00 (café), 11.30-14.30 und 18.00-2.00 (restaurant, bar bis 4.00), preis: melange 2,90 €, u-bahn: schwedenplatz

MOTTO AM FLUSS (12)

(36) **URANIA**

(13) Die Einrichtung im **Xpedit Lager** – die Gäste speisen zwischen alten Lagerregalen – ist schon etwas speziell. Das Gleiche gilt für die Speisekarte, denn die gibt es nur in wohlklingender italienischer Sprache. Sie verstehen nur Bahnhof? Fragen Sie den Ober, oder bestellen Sie einfach irgendetwas, denn alles ist lecker, vor allem die frische Pasta.

wiesingerstraße 6, www.xpedit.at, telefon: 01 51233213, geöffnet: mo-fr 11.00-24.00, sa 18.00-24.00, preis: 11 €, u-bahn: schwedenplatz

⑲ Das **Steirereck** zählt schon seit Langem zu den besten Restaurants der Stadt. Küchenchef Reitbauer ist es gelungen, die klassische Wiener Küche mit den Prinzipien des modernen Kochens zu verbinden. Die Gerichte sind dadurch relativ leicht. Empfehlenswert ist das wöchentlich wechselnde Menü Steirereck. Hochpreisig, aber ein absoluter Genuss.
am heumarkt 2a/stadtpark, steirereck.at/wien/restaurant, telefon: 01 7133168, geöffnet: mo-fr 11.30-14.30 & ab 18.30, preis: 6-gänge-menü mit wein-arrangement 182 €, u-bahn: stadtpark

⑳ Im Erdgeschoss des nüchternen Glasgebäudes, in dem sich auch das Restaurant Steirereck befindet, liegt die nicht ganz so teure **Meierei im Stadtpark**. Von der Terrasse aus blickt man auf die Wien, den kleinen Fluss, dem die Stadt ihren Namen verdankt. Das Café-Restaurant ist bekannt für seine 120 Käsesorten, die alle probiert werden können. Speziell ist auch die Milchkarte, auf der man sogar Lavendelmilch findet.
am heumarkt 2a/stadtpark, steirereck.at/wien/meierei, telefon: 01 7133168, geöffnet: mo-fr 8.00-23.00, sa-so 9.00-19.00, preis: käseplatte 11 €, u-bahn: stadtpark

㉒ Der azurblaue Stand des **Arrigo** auf dem Rochusmarkt ist nicht zu übersehen. An der kleinen Bude werden allerlei italienische und spanische Spezialitäten verkauft. Bei einem Glas Chianti und einem Schälchen Antipasti lässt sich das bunte Markttreiben ringsherum am besten genießen.
rochusmarkt stand 33, telefon: 01 7107880, geöffnet: mo-fr 7.30-19.30, sa 7.30-14.00, preis: antipasti 6,50 €, u-bahn: rochusgasse

㉔ Das **Rochus** ist ein gut besuchtes Loungecafé-Restaurant. Von der Terrasse aus kann man den Wienern beim Einkaufen auf dem Rochusmarkt zuschauen. Die Karte wechselt jeden Monat, und die Küche ist ein schmack-hafter Mix aus wienerisch und asiatisch. Abends füllt sich das Rochus mit Nachtschwärmern. Für den großen und leckeren Brunch am Sonntag muss man reservieren.
landstraßer hauptstraße 55-57, www.rochus.at, telefon: 01 7101060, geöffnet: mo-do & so 8.00-2.00, fr-sa 8.00-4.00, preis: frühstück 9 €, u-bahn: rochusgasse

(27) In einem kleinen Innenhof versteckt sich das gemütliche Café **Frischzelle**. Hier kann man relaxt eine Melange trinken und dazu ein Sandwich bestellen. Probieren Sie doch auch mal eines der vegetarischen Tagesgerichte!
erdbergstraße 10 (im innenhof), www.frischzelle.cc, telefon: 0699 10808679, geöffnet: mo-fr 10.00-20.00, preis: melange 2,80 €, u-bahn: rochusgasse

(28) Die griechische Bevölkerung Wiens ist sich einig: Das Essen in der **Taverna Lefteris** ist unschlagbar gut. Die Küche ist kretisch mit türkischen Einflüssen. Dass es hier etwas lauter zugeht (nicht nur dienstags, wenn Livemusik gespielt wird), trägt zum Griechenland-Feeling bei. Die sehr umfangreiche Karte mit einfachen, leckeren Gerichten bietet für jeden etwas.
hörnesgasse 17, www.taverna-lefteris.at, telefon: 01 7137451, geöffnet: mo-sa 18.00-0.00, preis: 9 €, metro rochusmarkt

(30) In einem scheinbar verfallenen Eckhaus liegt das wunderbar nostalgische **Café Zartl**. Die rot-weiß gestreiften Sofas, die Lampenschirme und Vorhänge wirken etwas altbacken, aber passend. Das Café ist in ganz Wien berühmt und viele große Künstler und Schriftsteller sind hier Stammgäste.
rasumofskygasse 7, telefon: 01 7125560, geöffnet: täglich 8.00-24.00, preis: lunch 5,50 €, u-bahn: rochusgasse

(34) Das **Gasthaus Wild** ist seit Jahren eine Institution im Stadtteil Landstraße. Gern lassen sich die Gäste von der himmlischen österreichischen Küche verwöhnen. Die Atmosphäre ist gemütlich und die Bedienung typisch österreichisch: gut, aber einen Hauch arrogant.
radetzkyplatz 1, telefon: 01 9209477, geöffnet: täglich 9.00-1.00, preis: 12 € (lunch 8 €), u-bahn: landstraße

(35) Bis zum Meer sind es 500 km, aber trotzdem werden in Wien von April bis September die Strandbars aufgebaut. Dort, wo die Wien in den Donaukanal mündet, wurde ein künstlicher Strand mit Liegestühlen und Cocktailbars angelegt. Ein angesagter Treffpunkt für Touristen und Wiener zugleich. Die **Strandbar Herrmann** ist zweifellos die gemütlichste Strandbar am Wiener Stadtstrand.
herrmannpark, www.strandbarherrmann.at, geöffnet: apr.-sept. täglich 10.00-2.00, preis: cocktail 6 €, u-bahn: schwedenplatz

BLATTSALAT MIT
RADIESCHEN AUF
CREME FRAICHE CITRON

POCHIERTES EI MIT
FRÜHLINGSGEMÜSE
AUF POLENTA

LINSENSUPPE MIT BULGU
ARTISCHOCKEN SALAT &
HÜHNERSUPPE MIT NUDE
UND GEMÜSE €5,80

SCHOKOBROWNIE €2,

㉕

⑤

㊱ Das **Urania** befindet sich in der gleichnamigen ehemaligen Sternwarte
am Donaukanal. Die Atmosphäre in diesem hell und schlicht eingerichteten
Café-Restaurant ist ungezwungen, und durch die großen Fenster kann man
dem berühmten Riesenrad im Prater beim Rundendrehen zusehen. Nach
dem Essen (wie wäre es mit Rucolasalat und gegrillten Garnelen?) geht es
mit vollem Bauch eine Etage tiefer ins Kino zum Relaxen.
*uraniastraße 1, www.barurania.com, telefon: 01 7133066, geöffnet: täglich
9.00-0.00, preis: 16 €, u-bahn: schwedenplatz*

Shoppen

(6) Um den Karmelitermarkt herum reiht sich ein Designgeschäft an das andere. Eines davon ist **Nagy & Tankai**, der Shop der jungen Designerinnen Angelika Kaspurz und Christa Nagy. Sie entwerfen wundervolle Taschen, Röcke, Kleider, T-Shirts und Accessoires. Alle Objekte sind Unikate! Man kann also sicher sein, dass auf der nächsten Party keine mit dem gleichen Kleid auftaucht. Im Atelier hinter dem Laden kann man sehen, wie die Liebhaberstücke entstehen.

krummbaumgasse 2-4, www.tankai.at, telefon 0664 9158221, geöffnet: di-fr 11.00-13.00 & 14.00-18.00, sa 11.00-13.00, u-bahn: taborstraße

(7) Karin Krank und Ulrike "Biene" Janitschek haben gemeinsam die **Kabine** eröffnet: einen Laden mit tollen Entwürfen der beiden Designerinnen. Hier findet man unter anderem Öko-T-Shirts mit lustigem Aufdruck sowie ausgefallene Kleider. Außerdem gibt es Kleidung, Schals und Accessoires anderer österreichischer Designer sowie Fairtrade-Geschenkartikel aus Ländern der Dritten Welt. So tut man nicht nur sich, sondern auch anderen etwas Gutes!

karmelitergasse 6, telefon: 0699 11753057, geöffnet: mo-fr 10.00-18.00, sa 10.00-13.00, u-bahn: taborstraße

(8) In der **Wundertüte** geht es wunderbar fröhlich zu. Bunte Geschenkartikel liegen zwischen hübschen Wohnaccessoires. Wie wäre es zum Beispiel mit verspielten Körbchen oder rot-weiß gepunkteten Bambi-Kleiderhaken? Bunte Spielkarten, verrückte Geräte, originelle Taschen ... ein Paradies für alle, die auf der Suche nach witzigen, ausgefallenen Dingen sind!

karmeliterplatz 2, www.wundertuete.at, telefon: 0664 2835546, geöffnet: di-mi & fr 11.00-18.00, do 11.00-20.00, sa 10.00-14.00, u-bahn: taborstraße

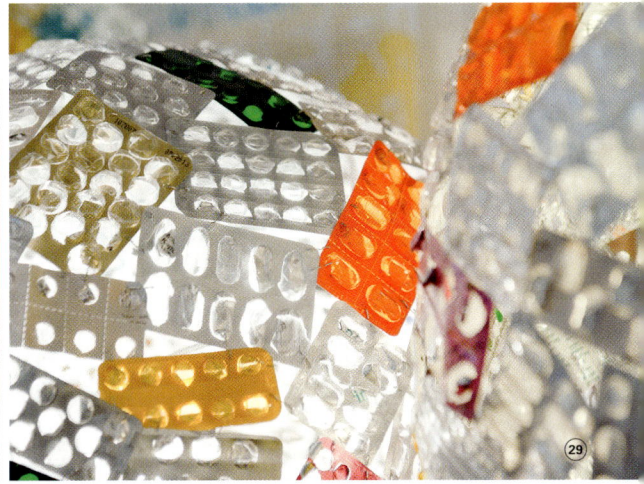

25

29

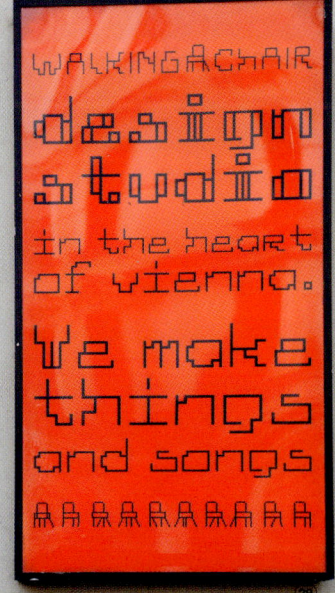

WALKINGACHAIR

design

studio

in the heart

of vienna.

We make

things

and songs

7

29

⑧ WUNDERTÜTE

⑩ Unter dem Sofitel, dem hypermodernen 5-Sterne-Hotel des Architekten Jean Nouvel, hat das **Stilwerk** seine Verkaufsräume. Das Designzentrum wurde 2011 eröffnet und ist die Luxus-Antwort auf Möbelhausketten wie Ikea und Habitat. In über zwanzig einzelnen Geschäften findet der stilbewusste Käufer alles, was er für sein Zuhause braucht: von Küchen- und Badezimmer-accessoires über Lampen und Glas bis hin zu Möbeln. Auch wenn nicht alles in Ihren Koffer passt, so können Sie trotzdem das ein oder andere für zu Hause mitnehmen.

praterstraße 1, www.stilwerk.de/wien-haus.php, telefon: 01 212061050, geöffnet: mo-fr 10.00-19.00, sa 10.00-18.00, u-bahn: schwedenplatz

(15) In dem winzig kleinen Laden **d.sign** werden Originalstücke aus der Zeit zwischen 1920 und 1970 verkauft, wie zum Beispiel Stühle von Gispen und Möbel anderer großer Designer. Die freundliche Besitzerin hat zudem auch Geschirr, Lampen und Schmuck im Sortiment.
stubenring 6, www.daisymeek.com, telefon: 043 73526092, geöffnet: mo-do 14.00-18.00, fr 10.00-14.00, u-bahn: stubentor

(21) Im Durchgang zwischen Ungargasse und Landstraßer Hauptstraße liegt der ultimative Edelkitschladen **Bei Uns**. Gern zeigt der bulgarische Besitzer seinen Kunden die feudalen Silberbestecke, Fabergé-Eier, nostalgischen Spieldosen mit Ballerinas und Sissi-Bierkrüge.
landstraßer hauptstraße 28, telefon: 01 7109764, geöffnet: mo-fr 9.00-13.00 und 15.00-19.00, sa 10.00-18.00, u-bahn: rochusgasse

(25) Die **kleine galerie** wurde 1947 gegründet, um Kunst auch jenen Wienern zugänglich zu machen, die mit Museen nicht viel am Hut haben. Klein ist die Galerie schon lange nicht mehr: Sie ist einer der wichtigsten Umschlagplätze für Arbeiten einheimischer Künstler.
kundmanngasse 30, www.kleinegalerie.at, telefon: 01 7103403, geöffnet: di-fr 11.00-19.00, sa 11.00-15.00, u-bahn: rochusgasse

(26) Nach einigen Jahren in Wien bekam die Finnin Heidi Salama-Kollegger derartiges Heimweh, dass sie den **Finnshop** eröffnete. Ein hübsches Geschäft voll mit echten finnischen Produkten wie Kleidung der Marke Marimekko, Glasarbeiten von Iittala, Schmuck und finnischen Süßigkeiten..
erdbergstraße 10 (im innenhof), www.finnshop.at, telefon: 0676 9638458, geöffnet di-fr 10.00-18.00, sa 10.00-16.00, u-bahn: rochusgasse

(29) Wien wird mehr und mehr zur Stadt des zeitgemäßen Designs –
Walking Chair ist das beste Beispiel. Ein Teil dieser Brutstätte für junge Designtalente dient als Laden, und viele der angebotenen Objekte wurden international ausgezeichnet. Sehr hübsch sind zum Beispiel die Spiegel in Länderform oder der Kronleuchter, in den man leere PET-Flaschen hängt.
rasumofskygasse 10, www.walking-chair.com, telefon: 01 713248410, geöffnet: mo-fr 11.00-18.00, u-bahn: rochusgasse

100 % there

(1) Der **Augarten** ist ein ausgedehnter Park, beliebt bei Joggern und Familien mit Kindern. Geprägt wird die Parkanlage durch zwei riesige Bunker aus dem Zweiten Weltkrieg, in denen während der Bombardements bis zu 30.000 Menschen Schutz suchen konnten. Mitten im Park liegt das Palais Augarten, die Heimstätte der Wiener Sängerknaben.

u-bahn: rossauer lände/taborstraße

(3) Der **Karmelitermarkt** ist bereits seit dem 18. Jahrhundert ein netter Markt voller Obst, Gemüse und österreichischer Spezialitäten. In den letzten Jahren wurde er mit viel Engagement auf Vordermann gebracht und einige der Marktstände wurden in gemütliche kleine Speiselokale umgewandelt. In den angrenzenden Straßen gibt es viele ausgefallene Geschäfte.

zwischen leopoldsgasse, haidgasse und krummbaumgasse, geöffnet: frischmarkt mo-fr 6.00-18.00, sa 6.00-13.30 (speiselokale bis spät abends) , u-bahn: taborstraße

(11) Der **Donaukanal** ist kein echter Kanal, sondern ein Seitenarm der Donau. In den Sommermonaten stehen hier zahlreiche Strandbars. Von den Brücken hat man eine schöne Aussicht auf die prächtigen Gebäude am Fluss.

u-bahn: schwedenplatz/nestroyplatz/praterstern

(17) Der **Stadtpark** mit dem Flüsschen Wien und seinen kleinen Teichen eignet sich sehr gut zum Spazierengehen. Mittendrin: das protzige goldene Denkmal für Johann Strauss und der 1865 erbaute Kursalon, in dessen Ballsaal man Kaffee trinken und Konzerte besuchen kann.

u-bahn: stadtpark/stubentor

(18) Das **Gartenbaukino** ist ein Kino aus den 60er-Jahren, in dem die Zeit stehen geblieben ist. Machen Sie es sich in den Sesseln bequem und genießen Sie einen Film auf der riesigen Leinwand. Das Programm ist nichts Besonderes (gezeigt werden vor allem Kassenschlager), aber man erlebt einen nostalgischen Abend in einem charmanten Lichtspielhaus.

parkring 12, www.gartenbaukino.at, telefon: 01 5122354, geöffnet: täglich, preis: karten ab 6,50 €, u-bahn: stadtpark/stubentor

AUGARTEN ①

㊲ Das **Badeschiff** ist eigentlich ein großes Freibad auf einem Schiff. Es gibt dort aber auch eine sehr gute Cocktailbar, und abends verwandelt sich das Schiff in einen Club, in dem ordentlich abgetanzt wird. Wenn die letzten Partygäste gehen, ziehen die ersten Senioren schon wieder ihre Bahnen im Schwimmbecken.
donaukanal östlich vom schwedenplatz, www.badeschiff.at, telefon: 01 5130744, geöffnet: schwimmbad mai-okt. täglich 8.00-24.00, club mi-sa 22.00-4.00, eintritt: schwimmbad 5 €, club wechselnd, u-bahn: schwedenplatz

Karmeliter & Landstraße

Beginn: U-Bahn-Station Taborstraße, Ausgang Augarten. Nach 200 Metern
kommt rechts der Eingang zum Park Augarten (1). Tipp: eine Melange auf
der Terrasse (2). Danach geht's ein Stück zurück, dann rechts in die Große
Sperlgasse. Auf der Haidgasse halten Sie sich rechts. Am Ende dieser Straße
gelangen Sie auf den Karmelitermarkt (3). Gehen Sie schräg nach links über
den Platz mit den vielen Cafés (4) (5). Links liegt Nagy & Tankai (6). Überqueren
Sie die Straße und gehen Sie in die Karmelitergasse (7). Biegen Sie rechts ab
und gehen Sie über den Platz mit dem Geschenkeladen (8) und der Kirche (9)
zur Taborstraße. Hier rechts. Am Ende der Straße liegt ein Designzentrum (10).
Überqueren Sie den Donaukanal (11). Rechts liegt ein Café, untergebracht in
einem Schiffsanleger (12). Überqueren Sie die Straße, gehen Sie nach links und
dann nach rechts in die Dominikanerbastei. Nehmen Sie die erste links und
biegen Sie vor dem italienischen Restaurant (13) rechts ab (14). Gehen Sie links
auf den kleinen Platz (15) und anschließend rechts in den Stubenring (16). Hinter
dem Museum geht's weiter in den Stadtpark (17). Nach ungefähr 300 Metern
liegt rechts ein Kino (18). Wenn Sie weiter durch den Park gehen, liegt links ein
gutes Restaurant (19) (20). Gehen Sie durch den Ausgang Am Heumarkt und
biegen Sie zunächst links und danach rechts ab in die Ungargasse. Hinter der
Hausnummer 11 beginnt links eine schöne Passage (21). Gehen Sie am Ende
nach rechts zum Rochusmarkt (22) (23) (24). Biegen Sie links ab in die Kundmanngasse (25) und nehmen Sie die erste Straße rechts. In dem kleinen Hof gibt
es viele ausgefallene Läden (26) (27). Gehen Sie nach links in die Kübeckgasse
und biegen Sie vor dem griechischen Restaurant (28) nach links, am Haus
Wittgenstein vorbei. Biegen Sie am Ende rechts ab. Sie kommen nun zum
Designstudio (29). Gegenüber liegt das Café Zartl (30). In der Straße links gibt
es zwei architektonische Highlights (31) (32). Auf der Straße weiter, dann rechts
in die Krieglergasse. Anschließend die zweite links (33). Auf der Viaduktgasse
geht's nach links, dann unter den Bahnschienen hindurch rechts zum Radetzkyplatz (34). Über die Radetzkystraße zurück zum Donaukanal. Zum Schluss gibt's
einen Cocktail, einen Film oder ein Bad auf dem Badeschiff (35) (36) (37). Die
U-Bahn-Station Schwedenplatz ist in der Nähe.

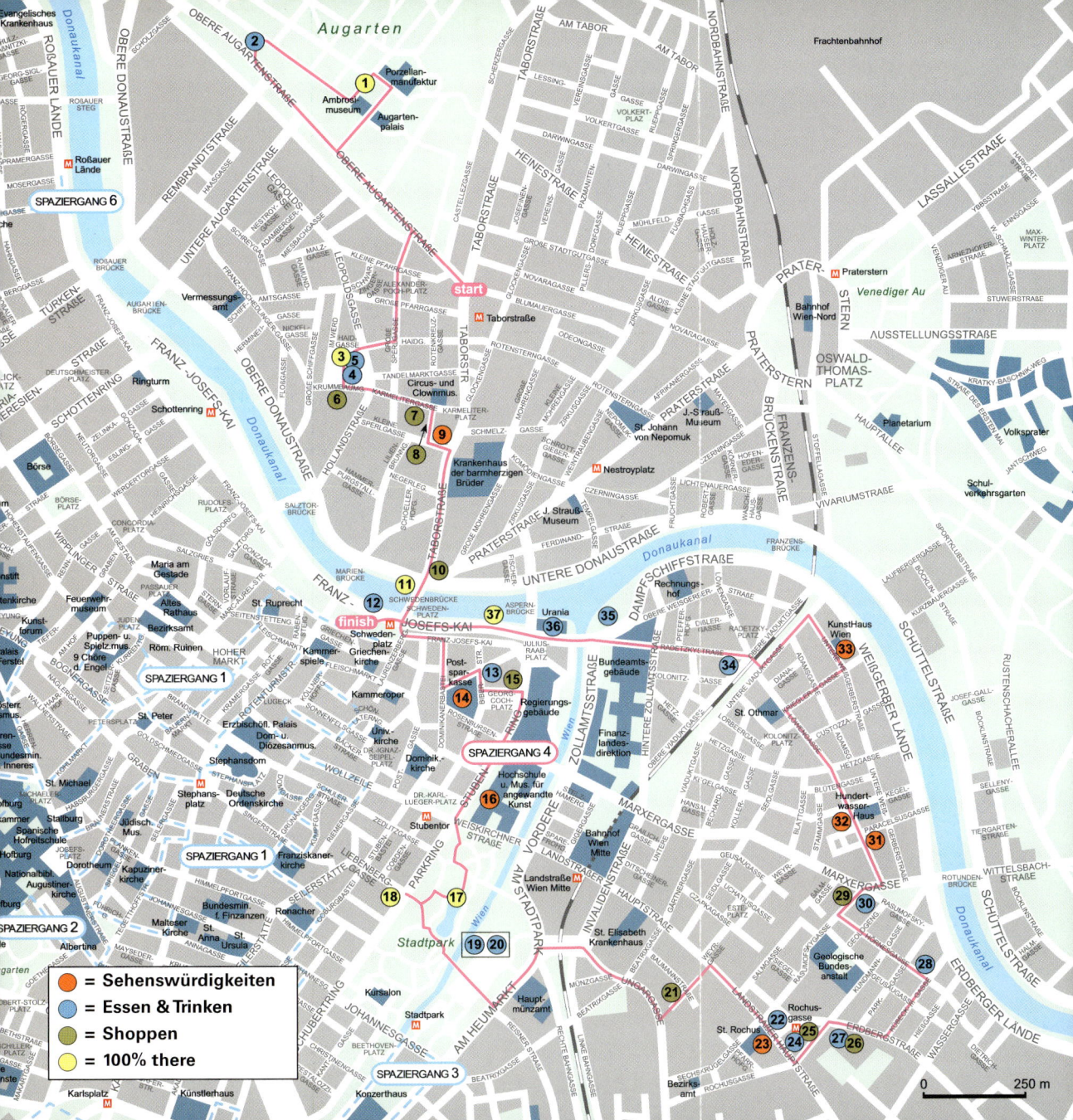

Neubau & Mariahilf

Paradies für Shopaholics und Kulturfans

Mit den vielen ausgefallenen Geschäften und angesagten Cafés voller Studenten und junger Leute gehören Mariahilf und Neubau zu den beliebtesten Vierteln der Stadt. Der quirligen Atmosphäre ist es zu verdanken, dass diese Gegend nonchalanter und lockerer wirkt als der Rest des an sich klassischen und vornehmen Wiens. Beide Stadtteile sind außerdem Treffpunkt aller Shoppingfans. Hier locken neben großen Ladenketten auch viele kleine Designerboutiquen.

Der Stadtteil Neubau liegt versteckt hinter dem modernen MuseumsQuartier, einem Komplex in den ehemaligen kaiserlichen Stallungen. Heute beherbergen sie verschiedene Museen, Theater, Restaurants und Geschäfte, und das Angebot reicht von bildender Kunst und Architektur über Fotografie bis hin zum Tanztheater. Es gibt sogar ein großes Kindermuseum mit Theatersälen und einem Café. Mit der Eröffnung dieses modernen Kulturkomplexes im Jahr 2001 begann der Aufschwung des Viertels, das zuvor eher für seine

5

Bordelle und zwielichtigen Etablissements bekannt war. Heute wimmelt es hier von kultverdächtigen Boutiquen, Designerläden, Galerien und angesagten Cafés, die für hippes Künstler-Flair in den Straßen sorgen.

Zentrales Element des Stadtteils Mariahilf ist die lange und immer belebte Mariahilfer Straße. In dieser beliebtesten Einkaufsstraße der Stadt dominiert der Konsum- ein spannender Kontrast zu dem gemütlichen und alternativen Flair in den Seitenstraßen.

Von der Mariahilfer Straße aus führen kleine Gassen schräg nach Süden zur Gumpendorfer Straße. Diese Straße wirkt auf den ersten Blick etwas trist und grau. Aber sie ist im Aufwind, denn immer mehr Jungdesigner und Architekten haben sich in den vergangenen Jahren in den noch bezahlbaren Geschäften niedergelassen. Hier findet man inzwischen tolle Restaurants und ausgefallene Läden.

6 Insider-Tipps

MuseumsQuartier

Nach dem Museumsbesuch
bei Musik relaxen.

Lindengasse

Durch kultverdächtige
Designergeschäfte
bummeln.

Das Möbel

Elegante Möbelkreationen
junger Designer entdecken.

Spittelberg

Durchs beschauliche
Viertel schlendern.

Ra'mien

Himmlisches asiatisches
Essen genießen.

Lutz-die Bar

Sehen und gesehen
werden.

○ **Sehenswürdigkeiten**
● **Shoppen**

 Essen & Trinken
 100 % there

Sehenswürdigkeiten

① Das **Secessionsgebäude** markiert den Höhepunkt der Wiener Secession, der Wiener Variante des Jugendstils. Benannt wurde die Stilrichtung nach der gleichnamigen Vereinigung, die Ende des 19. Jahrhunderts von Künstlern wie Moser, Hoffmann und Klimt gegründet wurde, um sich von den eher traditionellen Kunstauffassungen ihrer Zeit abzugrenzen. Hier, in dem Ausstellungshaus der Gruppe, ist neben verschiedenen Ausstellungen ein fast nüchtern wirkender Saal mit Wandmalereien von Klimt zu sehen.
friedrichstraße 12, www.secession.at, telefon: 01 587530710, geöffnet: di-so 10.00-18.00, eintritt 8,50 €, u-bahn: karlsplatz

⑱ Die barocke **Mariahilfer Kirche** ist ein wohltuender Ruhepol in der hektischen Mariahilfer Straße. Die Kirche wurde Ende des 17. Jahrhunderts gebaut, als diese Gegend noch Ackerland war. Das Kreuz in der Nische der Ostfassade war jahrzehntelang das Letzte, was zum Tode Verurteilte sahen.
barnabitengasse 14, www.pfarremariahilf.at, u-bahn: neubaugasse

㉑ In einem Teil des ehemaligen K.u.k.-Möbellagers befindet sich heute das **Hofmobiliendepot**. Hier erfahren die Besucher, wie die österreichischen Kaiserinnen und Kaiser – von Maria Theresia bis hin zu Karl I. – ihre Gemächer einrichteten. Tische, Stühle, Gemälde, selbst ganze Zimmer gibt es zu bestaunen. Neben der Dauerausstellung werden auch Sonderausstellungen zeitgenössischer Möbeldesigner und Architekten gezeigt.
andreasgasse 7, www.hofmobiliendepot.at, telefon: 01 5243357, geöffnet: di-so 10.00-18.00, führungen di-so 15.00, eintritt 7,90 €, mit führung 9,90 €, u-bahn: neubaugasse

㉙ Die barocke **Ulrichskirche** aus dem Jahr 1724 nimmt fast den gesamten Ulrichsplatz ein. Dieser Platz war einst Mittelpunkt eines Dorfes, inzwischen ist die Kirche von herrschaftlichen Patrizierhäusern umringt. In das Kircheninnere sollte man mal einen Blick werfen, allerdings kommt man nur im Rahmen einer Messe oder eines Konzertes hinein (Datum und Uhrzeit finden Sie auf der Webseite).
ulrichsplatz, www.stulrich.com, u-bahn: volkstheater

Essen & Trinken

(2) Mit Blick auf den Naschmarkt genießt man in der **Mocca Lounge** Kaffeespezialitäten aus der ganzen Welt. Neben teuren Exoten steht aber auch die ganz normale Melange auf der Karte. Die Einrichtung erinnert an die Kolonialzeit: Am Fenster nimmt man stilvoll in riesigen Ledersesseln Platz.
linke wienzeile 4, www.moccalounge.at, telefon: 01 2937802, geöffnet: mo-do & so 9.00-24.00, fr-sa 9.00-2.00, preis: melange 2,60 €, u-bahn: karlsplatz

(3) Das **Café Sperl** vereint Wiener Grandeur mit dem Glanz vergangener Tage. Hier findet man alles, was ein echtes Wiener Kaffeehaus ausmacht: hausgemachte Torte nach Geheimrezept, himmlische Wiener Melange mit einem Glas Wasser – auf einem Silbertablett gereicht – und grantige Kellner im abgewetzten Smoking. Wien pur!
gumpendorfer straße 11, www.cafesperl.at, telefon: 01 5864158, geöffnet: mo-sa 7.00-23.00, so 11.00-20.00, preis: melange 3,20 €, u-bahn: museumsquartier

(4) Ohne Reservierung ist im **Shanghai Tan** die Chance sehr gering, einen Tisch zu ergattern. Versuchen Sie am besten einen Platz im Keller zu bekommen, wo das Licht gedämpft ist und die Tische durch Paravents voneinander getrennt sind. Serviert wird eine gelungene Mischung aus japanischer, chinesischer und indischer Küche.
gumpendorfer straße 9, www.shanghaitan.at, telefon: 01 5854988, geöffnet: di-so 11.00-24.00, preis: 13 €, u-bahn: museumsquartier

(5) Bei **Phil** kann man gemütlich einen Mango Lassi oder ein Bierchen trinken, dabei ein Buch lesen (und es anschließend kaufen). Das zusammengewürfelte Mobiliar, die relaxte Musik und das gemischte Publikum schaffen eine angenehm entspannte Atmosphäre. Man braucht ein bisschen Glück, um einen Platz zu erwischen, denn meistens ist es hier brechend voll.
gumpendorfer straße 10-12, www.phil.info, telefon: 01 5810489, geöffnet: mo 17.00-1.00, di-so 9.00-1.00, preis: mango lassi 3,30 €, u-bahn: museumsquartier

CAFÉ EUROPA (25)

(6) Gutes asiatisches Essen in ungezwungenem Ambiente: Das gibt's bei **Ra'mien**. In diesem hell und schlicht eingerichteten Restaurant ist der Service vielleicht nicht der schnellste, aber das lange Warten wird durch ein wunderbares Essen belohnt. Bei schönem Wetter wird die Fensterfront geöffnet. *gumpendorfer straße 9, www.ramien.at, telefon: 01 5854798, geöffnet: di-so 11.00-0.00, preis: nudelsuppe 8 €, u-bahn: museumsquartier*

(11) Markenzeichen von der Bar **Lutz** ist das geradlinige Interieurdesign. Egal, ob man Lust auf einen Latte macchiato oder einen der vielen Cocktails hat, in der Lounge-Atmosphäre lässt es sich wunderbar relaxen. Auf der Karte stehen Köstlichkeiten wie Schnitzel und Curry..

mariahilfer straße 3, www.lutz-bar.at, telefon: 01 5853646, geöffnet: mo-fr 8.00-spät, sa 9.00-spät, so 10.00-spät, preis: melange 3,10 €, u-bahn: museumsquartier

(13) Müslifans geht bei **Corns n' Pops** das Herz auf. Hier darf der Gast sein Müsli nämlich selbst zusammenstellen. Zur Auswahl stehen nicht weniger als fünfzig verschiedene Zutaten. Keine Lust auf Müsli? Kein Problem, es gibt auch Bagels, weißen und braunen Kakao sowie Fruchtsäfte.

gumpendorfer straße 37, www.cornsnpops.com, telefon: 0664 1312005, geöffnet: mo-fr 7.30-17.00, sa 9.00-16.00, preis: tagesmüsli 3,50 €, u-bahn: kettenbrückengasse

(14) Das **Vinissimo** ist Weingeschäft und Restaurant in einem. So vielfältig das Weinsortiment, so übersichtlich ist die Speisekarte. Trotzdem ist das Essen – eine Mischung aus österreichischer und italienischer Küche – raffinierter als in anderen Restaurants dieser Preisklasse. Die Karte wechselt alle zwei Wochen und steht häufig unter einem bestimmten Motto wie Hummer, Kürbis oder Wild. Außerdem gibt es jeden Tag ein Überraschungs-menü mit drei oder sechs Gängen. An Wochenenden wird auch Frühstück serviert, vom DJ musikalisch begleitet.

windmühlgasse 20, www.vinissimo.at, telefon: 01 5864888, geöffnet: mi-sa 18.00-23.30 (abendessen), fr-so 8.15-14.00 (frühstück), preis: 10 €, u-bahn: kettenbrückengasse

(16) **Paolo Bortolotti** ist der Eiskönig Wiens. Dreißig Sorten in knusprigsten Waffeln stehen auf der Karte. Im Sommer heißt es Schlange stehen, aber das Warten lohnt sich. Das Eis ist von hervorragender Qualität und die Preise sind moderat. Paolo Bortolotti betreibt drei Eiscafés auf der Mariahilfer Straße. Unser Tipp: eine Kugel weiße Schokolade mit einer Kugel Mohn. Superlecker!

mariahilfer straße 22, www.bortolotti.at, telefon: 01 5261909, geöffnet: mo-sa 8.00-20.30, so 9.30-19.30, preis: kleines eis 1,80 €, u-bahn: neubaugasse

(23) Der Name **Reformhaus Buchmüller** klingt zwar irgendwie nach Strickpullover und Matetee, aber Tatsache ist, dass man hier wunderbar vegetarisch essen kann. Die Gäste bestellen entweder etwas von der handgeschriebenen Tafelkarte oder sie verraten dem Küchenchef, auf was sie gerade Lust haben. Alle Produkte stammen aus biologischem Anbau. Nicht verpassen sollte man die frischen Fruchtsäfte aus der Vitrine.

neubaugasse 17-19, www.reformhaus-buchmueller.at, telefon: 01 5237297, geöffnet: mo-fr 9.00-18.30, sa 9.00-17.00, preis: lunch € 6,50, u-bahn: neubaugasse

(25) Die grelle Beleuchtung und das funktionale Design tun der Beliebtheit des **Cafés Europa** keinen Abbruch. Geschäftsleute, Studenten und Journalisten gehen hier ein und aus und sorgen für gute Stimmung. Das Café Europa ist der ideale Ort für ein Gläschen Welschriesling oder einen schnellen Espresso.

zollergasse 8, www.europa-lager.at, telefon: 01 5263383, geöffnet: täglich 9.00-4.00, preis: glas wein 2 €, u-bahn: neubaugasse

(28) Schon zu Sissis Zeiten ging man für ein echtes Wiener Schnitzel **Zu den 2 Lieserln**. Die Schnitzel sind so groß, dass das Teller-Leer-Essen zur Herausforderung wird. Was übrig bleibt, wird an ein Straßenhundeasyl gespendet. Im Sommer ist die große Terrasse unter einem Walnussbaum geöffnet, im Winter sitzt man nostalgisch-gemütlich an alten Resopaltischen.

burggasse 63, www.2lieserln.at, telefon: 01 5233282, geöffnet: täglich 11.00-23.00, preis: 9 €, u-bahn: neubaugasse

(34) Alle Möbelstücke, die im Café **Das Möbel** zu sehen sind, stammen von aufstrebenden Jung-Designern. Die Gäste können sie direkt nach dem Drink, Frühstück oder Mittagessen vor Ort käuflich erwerben. Zumindest weiß man dann, ob die Stühle auch bequem sind ... Das Essen ist gut, doch die Einrichtung steht eindeutig im Vordergrund.

burggasse 10, www.dasmoebel.at, telefon: 01 524949713, geöffnet: täglich 10.00-1.00, preis: glas wein 2,20 €, u-bahn: volkstheater

(6)

(16)

(35) Die **Rote Bar**, die Bar des Volkstheaters, ist eines der schönsten Abend-
und Nachtlokale Wiens. Innen ist tatsächlich alles rot. Das Unterhaltungs-
programm wechselt: Manchmal ist die Bar einfach nur eine Bar, zwischendurch
werden Partys veranstaltet oder ein DJ legt auf, manchmal gibt es Livemusik.
Der Eingang an der Seite des Theaters ist nicht leicht zu finden und danach
müssen die Gäste auch noch einige Stufen und Gänge bewältigen – man hat
fast den Eindruck, man wäre falsch. Aber das Gegenteil ist der Fall!
neustiftgasse 1, www.volkstheater.at/home/spielstaetten/rote+bar, telefon:
01 52111245, geöffnet: täglich 18.30-1.00, preis: glas wein 2,20 €, u-bahn:
volkstheater

Shoppen

(10) Im **Lomo Shop** findet man Kameras für die sogenannte Lomografie – lässige Schnappschüsse, für die gilt: je unperfekter, desto besser. Und dieses Motto beherrscht offensichtlich auch den ganzen Laden: Alles ist schief und scheinbar chaotisch. Hier gibt es viele nette Gadgets, Fotoalben und Retrotaschen zu entdecken.
museumsplatz 1, www.lomography.com, telefon: 01 5237016, geöffnet: täglich 11.00-19.00, u-bahn: museumsquartier

(12) In der **Saint Charles Apotheke** kann man ganz normal seine Arzneimittel kaufen, aber es gibt auch ein großes Sortiment an hochwertigen Kosmetik- und Reformartikeln. In der Abteilung "Cosmothecary" findet man von der Apotheke selbst entwickelte Produkte. Auf der gegenüberliegenden Straßen- seite befindet sich das Alimentary, das kleine Apothekerrestaurant, in dem man auf Reservierung mit Gruppen bis zu acht Personen speisen kann.
gumpendorfer straße 30, www.saint.info, telefon: 01 5861363, geöffnet: mo-fr 8.00-18.00, sa 8.00-12.00, u-bahn: kettenbrückengasse

(15) Das Plattengeschäft **Teuchtler Alt & Neu** ist eine Wiener Institution. Es gibt nichts, was es hier nicht gibt. Doch die Suche ist nicht einfach: Das System, nach dem die Platten und CDs geordnet sind, ist für Nicht-Stamm- kunden nur schwer zu durchschauen. Durch die Kästen stöbern, bis man etwas Interessantes findet, funktioniert am besten. Die Mitarbeiter freuen sich über schwierige Fragen und Suchaufträge.
windmühlgasse 10, telefon: 01 5862133, geöffnet: mo-fr 13.00-18.00, sa 10.00-13.00, u-bahn: neubaugasse

(17) Das altmodische, exklusive Spezialgeschäft für die tägliche Köperpflege **Walter Weiss** liegt inmitten all der großen Ladenketten und fällt deshalb besonders auf. Im Sortiment stößt man auf so seltene Spezialartikel wie Rasierpinsel aus Büffelhorn und Dachshaar in einem Futteral aus Kalbsleder, abgesetzt mit Ziegenvelours. Das haben Sie sicher noch nicht zu Hause ...
mariahilfer straße 33, www.walterweiss.at, telefon: 01 5879391, geöffnet: mo-fr 10.00-18.30, sa 10.00-17.00, u-bahn: neubaugasse

⑩ LOMO SHOP

⑳ In der belebten Neubaugasse gibt es viele gute Shopping-Adressen. Eine davon ist **NFIVE**. Hier findet man ausgefallene und tragbare Damen- und Herrenmode von Marken wie Bruuns Bazaar, Best Behavior und Filippa K. In dem schönen, großen Geschäft kann man sich ungestört umsehen und dann das ein oder andere Stück anprobieren.

neubaugasse 5, www.nfive.at, telefon: 01 5238313, geöffnet: mo-fr 10.00-19.00, sa 10.00-18.00 , u-bahn: neubaugasse

(27) Wer auf der Suche nach einem ausgefallenen Outfit ist, aber keine Unsummen dafür ausgeben möchte, der ist bei der **Bootik 54** genau richtig. Die beste Adresse für Vintagemode! Eindrucksvoll und witzig: das große Sortiment an Barbapapa-Sammlerstücken.
neubaugasse 54, www.bootik54.com, telefon: 01 5265517, geöffnet: mo-fr 10.00-19.00, sa 10.00-18.00, u-bahn: neubaugasse

(30) Funky T-Shirts, bunter Modeschmuck und trendy Taschen: Die drei Freundinnen und Designerinnen von **violettsays** haben viel Spaß zusammen, das sieht man ihren Entwürfen an. Nach eigener Aussage richtet sich ihr Label an fröhliche Frauen und furchtlose Männer.
neustiftgasse 23, www.violettsays.at, telefon: 0699 10630330, geöffnet: di 15.00-19.00, mi-fr 11.00-19.00, sa 11.00-17.00, u-bahn: volkstheater

(31) Was man im Modegeschäft und Atelier **Wiener Konfektion** präsentiert, hat durchaus das Potenzial, als Lieblingsstück in Ihrem Kleiderschrank zu landen! Die elegante, tragbare Mode wird aus natürlichen Materialien gefertigt – immer mit einem besonderen Akzent. Das Sortiment umfasst auch ausgefallene Röcke und schöne Kleider aus Vintage-Stoffen der 60er- und 70er-Jahre.
siebensterngasse 20, www.wienerkonfektion.at, telefon: 0699 11672752, geöffnet: di-fr 12.30-18.30, sa 12.00-17.00, u-bahn: volkstheater

(32) Ein Geheimtipp für Schokoholics: In den Verkaufsräumen des hypermodern eingerichteten **Schokov** erwarten Sie über zweihundert Sorten Schokolade. Nach einschlägiger Meinung wird hier die beste heiße Schokolade des Landes serviert.
siebensterngasse 20, www.schokov.com, telefon: 0664 88513145, geöffnet: mo-fr 12.00-18.30, sa 12.00-18.00, u-bahn: volkstheater

100 % there

(7) Das **Topkino** ist ein unabhängiges Programmkino mit familiärer, ungezwungener Atmosphäre. Gezeigt werden Kunstfilme und Dokumentationen
(in Originalfassung mit deutschen Untertiteln), und hin und wieder werden
kleine Festivals veranstaltet. Auch wenn man keinen Film anschauen möchte,
kann man es sich in der angrenzenden Bar gemütlich machen. (Hollywoodfilme
in englischer Sprache zeigt das Haydn Cinema, Mariahilfer Straße 57.)
*rahlgasse 1, www.topkino.at, telefon: 01 20830000, geöffnet: mo-mi
15.00-2.00, do-sa 15.00-4.00, so 10.30-24.00, preis: karte 7 €, u-bahn:
museumsquartier*

(8) Ein Besuch im Hamam **Aux Gazelles** ist genau das Richtige, wenn der
Wiener Himmel grau und wolkenverhangen ist. In diesem marokkanischen
Badehaus stehen verschiedene Behandlungen und Massagen zur Auswahl.
Im Dampfbad liegt man auf warmen Marmorplatten und trinkt danach ganz
entspannt eine Tasse frischen Minztee im Teesalon. Für den Besuch des
Hamams ist eine Reservierung erforderlich.
*rahlgasse 5, www.auxgazelles.at, telefon: 01 5856645, geöffnet: mo-sa
12.00-22.00, preis: ab 28 €, u-bahn: museumsquartier*

(9) Die ehemaligen kaiserlichen Stallungen beherbergen heute das moderne
MuseumsQuartier (MQ) mit Museen, Theatern, Restaurants und Geschäften.
Das Leopold Museum beeindruckt durch die größte Sammlung von Werken
des österreichischen Malers Egon Schiele. Außerdem zu sehen sind Arbeiten
anderer zeitgenössischer Künstler wie Klimt oder Kokoschka. Moderne Kunst
gibt es im MUMOK (Museum Moderner Kunst) und in der Kunsthalle. Im
Innenhof kann man im Sommer wunderbar zu den Klängen eines DJs
entspannen. Im Winter findet immer ein moderner Weihnachtsmarkt statt.
museumsplatz 1, www.mqw.at, telefon: 01 5235881, u-bahn: museumsquartier

MUSEUMSQUARTIER ⑨

⑲ Das Meeresaquarium **Haus des Meeres** befindet sich in einem der sechs Flaktürme in Wien. Auf diesen riesigen Luftschutzbauten (der höchste von ihnen misst 55 Meter) standen im Zweiten Weltkrieg Flugabwehrgeschütze. Vom Dach aus hat man einen wunderbaren Ausblick auf die Stadt.
fritz-grünbaum-platz 1, www.haus-des-meeres.at, telefon: 01 5871417, geöffnet: mo-mi & fr-so 9.00-18.00, do 9.00-21.00, eintritt 12,90 €, u-bahn: neubaugasse

㉒ Im **Schon Schön** kann man erst seine Haare in Form bringen lassen, danach ein hübsches Kleid aussuchen, anschließend einen Cocktail trinken und zum Schluss auch noch einen Happen essen. Ob das ein wenig übertrieben ist? Durchaus nicht, findet man bei Schon Schön. Hier gibt es schlichtweg alles, was den Menschen glücklich (und schön) macht. Ist es nun vor allem ein Friseursalon, ein Modegeschäft, ein Restaurant oder eine Cocktailbar? Finden Sie es selbst heraus! Bitte beachten: Einen Tisch fürs Abendessen muss man weit im Voraus reservieren.

lindengasse 53, www.schonschoen.at, u-bahn: neubaugasse

㉔ In der **Lindengasse** sowie in ihren Seitenstraßen liegen viele nette kleine Designerläden. Einer davon ist die strahlend weiß eingerichtete Boutique Wabisabi, in der elegante Mode in Schwarz und Weiß angeboten wird. Bei Eclectick verkaufen junge ungarische Designer ihre originellen und ein wenig gewagten Kreationen. Und bei La Petite Boutique gibt es Ginettes, die Luxusvariante der kostenlosen Plastiktragetasche, wie man sie in französischen Supermärkten bekommt. Außerdem im Sortiment: Nachtwäsche, die fürs Schlafzimmer eigentlich fast zu schade ist.

www.7tm.at, u-bahn: neubaugasse

㉖ Bei **Yogesh Parfum** kann man anhand einer ausführlichen Persönlichkeits- und Körpergeruchsanalyse sein persönliches Parfüm zusammenstellen. Eine nette Idee, aber auf der Rechnung kommt schnell mal ein Monatsgehalt zusammen. Zum Glück kann man in diesem unscheinbaren kleinen Geschäft auch Standarddüfte von Yogesh kaufen, die wesentlich erschwinglicher sind.

kirchengasse 24, www.yogeshkumar.net, telefon: 0699 194 32 594, geöffnet: mi-fr 14.00-18.00, sa 12.00-17.00, u-bahn: neubaugasse

㉝ In **Spittelberg** wähnt man sich in einem alten Dorf irgendwo in der Provinz. Das idyllische Viertel mit seinen engen Gassen und renovierten historischen Häusern ist eine beliebte Wiener Wohngegend. Hinter den Biedermeierfassaden locken zahlreiche Restaurants und Bars. Im Dezember verwandeln sich die Straßen in einen einzigen großen Weihnachtsmarkt.

www.spittelberg.at, u-bahn: volkstheater

Neubau & Mariahilf

Beginn: U-Bahn-Station Karlsplatz, Ausgang Secession (1). Gehen Sie am Gebäude mit der goldenen Kugel vorbei. Auf der Linken Wienzeile gibt's Wiener Melange (2). Dann die zweite rechts und am Ende links in die Lehargasse. An der Ecke ist das Café Sperl (3). Dann rechts in die Gumpendorfer Straße, vorbei an Cafés und Restaurants (4) (5) (6). Biegen Sie links ab in die Rahlgasse (7) (8). Dann geradeaus über die Mariahilfer Straße hinüber zum MuseumsQuartier (9). Rechts neben der Kunsthalle: der Lomo Shop (10). Durch den Ausgang links wieder zurück zur Mariahilfer Straße, wo rechts Lutz-Bar (11) liegt. Hinter Starbucks links ab und über die Theobaldgasse wieder zur Gumpendorfer Straße zurück, rechts einbiegen (12) (leckeres Müsli!) (13). Dann die erste Straße rechts. Eine Treppe führt zur Windmühlgasse. Gehen Sie nach rechts an einer Weinhandlung vorbei (14). Nach dem Plattenladen (15) links in die Mariahilfer Straße. Lust auf ein Eis (16)? Anschließend links zu einem netten Geschäft (17). Weiter geradeaus zum kleinen Platz mit der Kirche (18). Gehen Sie links neben der Kirche hinunter, bis vor Ihnen ein riesiger Bau auftaucht (Meeresaquarium) (19). Am Ende der Straße nach rechts und die Mariahilfer Straße überqueren. Sie befinden sich in der Einkaufsstraße Neubaugasse (20). Gehen Sie die erste links, am Ende in der Andreasgasse (21) rechts und beim Schon Schön (22) wieder rechts. Überqueren Sie die Neubaugasse (Lust auf Mittagessen?) (23) zum Schaufensterbummel (24). In der Zollergasse nach rechts für eine Tasse Kaffee (25). In der Kirchengasse biegen Sie nach links ab (Parfümgeschäft) (26). Biegen Sie nach links in die Siebensterngasse und danach sofort wieder links in die Mondscheingasse. Folgen Sie der Gasse bis zur Neubaugasse. Hier biegen Sie rechts ab (27), dann wieder rechts in die Burggasse – Schnitzel-Paradies! (28). Links sehen Sie die Ulrichskirche (29) und rechts dahinter die Neustiftgasse mit einem Designergeschäft (30). Wieder zurück auf der Burggasse biegen Sie sofort rechts ab in Richtung Siebensterngasse, wo Sie links abbiegen (31) (32). Danach wieder links durch das Viertel Spittelberg (33). Wieder zurück auf der Burggasse geht's nach rechts am Designcafé (34) vorbei Richtung Rote Bar (35). Hier liegt die U-Bahn-Station Volkstheater.

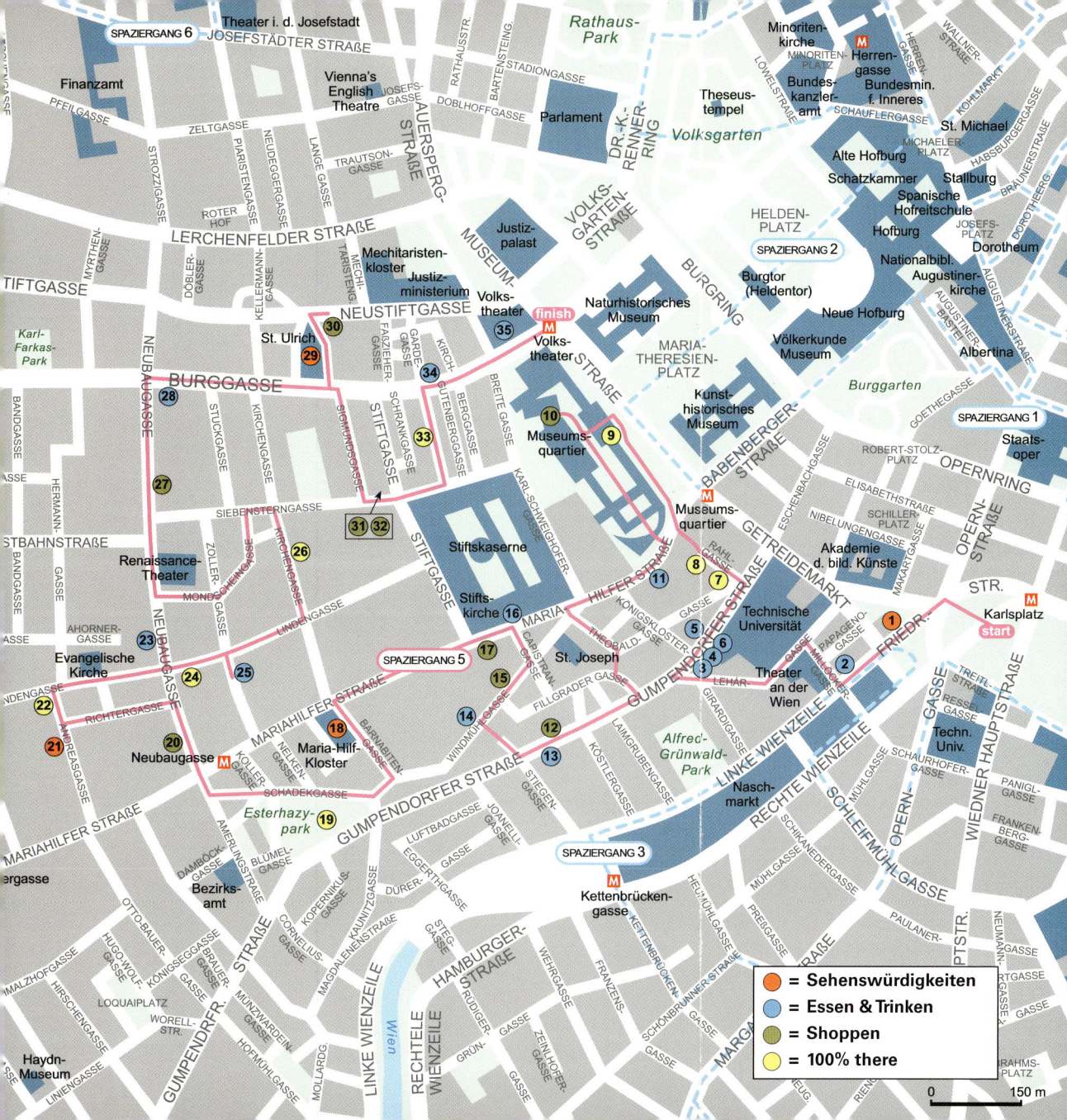

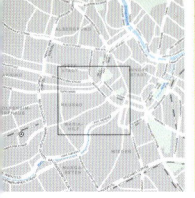

Alsergrund, Josefstadt & Ottakring

Studentisch und multikulturell

In den Stadtteilen Alsergrund, Josefstadt und Ottakring begegnet man relativ wenigen Touristen, dafür umso mehr Studenten. Entsprechend hoch ist die Dichte an gemütlichen Cafés, angesagten Kneipen und hippen kleinen Geschäften.

Alsergrund ist das Universitätsviertel Wiens. Hier liegt nicht nur das beeindruckende Uni-Hauptgebäude, sondern auch der mit Leben erfüllte Campus. Viele der 70.000 Studenten der Universität Wien wohnen hier. Sie verleihen dem ansonsten herrschaftlichen Viertel ein jung-dynamisches Flair. Mitten in Alsergrund, umgeben von einem großen Park, liegt das Palais Liechtenstein. Die barocke Sommerresidenz des Fürstenhauses Liechtenstein beherbergt heute ein Museum mit Werken alter flämischer und niederländischer Meister. Die Gebäude und Straßen rings um das Schloss und seinen Garten hinterlassen einen äußerst vornehmen Eindruck.

Josefstadt – benannt nach Kaiser Joseph I. – ist der kleinste Stadtteil Wiens. Mit seinen idyllischen Gassen und Plätzen besitzt er eine ganz andere Ausstrahlung als Alsergrund. Hier leben – neben vielen Studenten – vor allem ältere, gut betuchte Wiener, die eine eher dörfliche Atmosphäre zu schätzen wissen. Vorherrschende Architekturstile sind Barock und Biedermeier. In den Straßen rings um die Josefstädter Straße gibt es zahlreiche kleine Restaurants und Bars. Das Viertel liegt versteckt hinter dem riesigen Rathaus. Um dieses prachtvolle Gebäude an der Ringstraße herum ist immer was los: Weihnachtsmarkt im Winter, Buden und Freiluftkino im Sommer.

In Ottakring liegt der beliebte Brunnenmarkt, der zweitgrößte Markt Wiens. Der Großteil der Bewohner Ottakrings ist türkischer oder griechischer Abstammung – ein Abbild davon ist der bunte Markt. Die Wiener lieben es, zwischen den exotischen Marktständen herumzuschlendern. Auf dem benachbarten Yppenplatz sind in den vergangenen Jahren zahlreiche hippe Szenerestaurants entstanden: der ideale Ort für eine kleine Stärkung!

6 Insider-Tipps

Liechtenstein Museum

Rubenssammlung und sehenswerte Gärten besuchen.

Rathaus

Faszinierende Architektur bestaunen.

Café der Provinz

Wie in einem französischen Dorfcafé frühstücken.

Universitätscampus

Ins turbulente Studentenleben eintauchen.

Brunnenmarkt

Über den farbenfrohen exotischen Markt schlendern.

Anne Morel

Sich mit eleganter französischer Mode einkleiden.

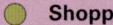 **Sehenswürdigkeiten**

Shoppen

 Essen & Trinken

100 % there

Sehenswürdigkeiten

③ Die **Servitenkirche** ist eine Barockkirche wie aus dem Bilderbuch, die seit ihrer Vollendung im Jahr 1677 bis 2009 von den Mönchen der Diener Mariens (Serviten) geleitet wurde. Der Innenraum ist reich geschmückt. Bedeutendstes Kunstwerk ist die Holzstatue Marias mit dem Leichnam Jesu auf dem Schoß (Pieta) – sie stammt aus dem Jahr 1470..
servitenplatz, www.rossau.at, u-bahn: rossauer lände

⑧ In dem Haus, in dem der Begründer der Psychoanalyse bis 1938 wohnte, befindet sich heute das **Sigmund Freud Museum**. Zu sehen gibt es Original-möbel von Freud, wenngleich die berühmte Couch hier leider nicht mehr steht. Ebenfalls ausgestellt sind einige persönliche Gegenstände, wie Gehstock und Hut des berühmten Arztes.
berggasse 19, www.freud-museum.at, telefon: 01 3191596, geöffnet: täglich 9.00-17.00, eintritt 7 €, u-bahn: schottentor

⑪ In der barocken Sommerresidenz der adeligen Familie Liechtenstein befindet sich heute das **Liechtenstein Museum**. Hier erwarten den Besucher neben einer großen Rubenssammlung auch Werke von Raffael, Rembrandt und Van Ruysdael. Sehenswert sind auch die fantastischen Gärten. Wenn Sie mit Kindern reisen, sollten Sie unbedingt auf dem großen Spielplatz vorbei-schauen, auf dem sich die Kids wunderbar austoben können.
fürstengasse 1, www.liechtensteinmuseum.at, telefon: 01 31957670, geöffnet: mo-di und fr-so 10.00-17.00, eintritt: 10 €, u-bahn: rossauer lände

⑮ 1853 verübte ein geistig verwirrter Schneider ein Attentat auf Kaiser Franz Joseph. Der Mordversuch missglückte, und aus Dankbarkeit errichtete man die **Votivkirche**. Die neogotische Kirche mit ihren zwei Türmen wurde zur Ehrengalerie militärischer Helden wie Graf Salm, der die Stadt im 16. Jahr-hundert gegen die Türken verteidigte. Er wurde in einem Marmorgrabmal in der Kirche bestattet. Sehenswert sind auch die Fresken und die bunten Bleiglasfenster. Eines der ersten Fenster auf der linken Seite soll an die Schrecken des Zweiten Weltkriegs erinnern.
rooseveltplatz 8, telefon: 01 4061192, geöffnet: di-sa 9.00-13.00 und 16.00-18.00, so 9.00-13.00, u-bahn: schottentor

(16) Die **Universität Wien** ist die älteste und größte deutschsprachige Universität der Welt. Das Hauptgebäude im Renaissancestil ist eigentlich nur für Mitarbeiter und Studierende zugänglich, doch manchmal kann man schnell hineinschlüpfen und sich kurz umsehen. Die Galerie rings um den Innenhof ist von 154 Büsten berühmter Wissenschaftler gesäumt. Wer kann, sollte auch einen Blick in den Großen Festsaal werfen. Die Decke wird von Werken österreichischer Meister wie Gustav Klimt geziert. *doktor-karl-lueger-ring 1, www.univie.ac.at, telefon: 01 42770, u-bahn: schottentor*

(18) Das **Rathaus** ist ein prächtiges Gebäude an der Ringstraße, erbaut im Jahr 1883. Als Vorbild für den Baustil diente die flämische Gotik. Interessiert? Der Zugang zu den sieben Innenhöfen ist frei. Wer jedoch die überwältigenden Räume von innen sehen möchte, muss sich einer Führung anschließen. Vor dem Rathaus ist immer etwas los: Im Winter wird hier ein Weihnachtsmarkt mit riesiger Eislaufbahn aufgebaut, im Sommer stehen überall kleine Imbissstände und auf einer großen Leinwand werden Konzertaufnahmen gezeigt. *rathausplatz, telefon: 01 52550, geöffnet: kostenlose führungen mo, mi und fr 13.00, metro rathaus*

(21) Die weiße **Piaristenkirche** aus dem Jahr 1753 ist vor allem für ihre Orgel und die hervorragende Akustik berühmt. Der Komponist Anton Bruckner legte hier sein Zulassungsexamen für das Konservatorium ab. Von seinem Prüfer ist der erstaunte Kommentar überliefert: "Sie sollten mich beurteilen, nicht ich Sie." Sehenswert sind auch die Deckenfresken. *jodok-fink-platz, www.mariatreu.at, geöffnet: so 8.00-12.00 und 18.00-20.00, mo-fr 9.00-12.00, für den schlüssel beim pfarrzentrum klingeln, piaristengasse 43-53, u-bahn: rathaus*

Essen & Trinken

(2) Gegenüber der Servitenkirche liegt das Café-Restaurant **... bin im Leo**. Wer keinen Wert auf übertriebene Etikette legt, sondern ganz entspannt ein gutes Essen genießen möchte, der ist hier goldrichtig. Absolut lecker: die Tagliatelle mit Spinat. Im Sommer lädt die große Terrasse zu einer Sightseeingpause ein.

servitengasse 14, www.bin-im-leo.com, telefon: 01 3197763, geöffnet: mo-sa 16.00-24.00, so 12.00-24.00, preis: pasta 8,50 €, metro rossauer lände

(4) In der trendy eingerichteten **Suppenwirtschaft** steht – der Name lässt es vermuten – Suppe auf dem Programm. Zum Beispiel thailändische Kokossuppe, österreichische Knoblauchsuppe oder marokkanische Harira. Doch die Küchenfeen machen auch leckere Salate und Currys. Am Ende des Tages gibt es eine Happy Hour, dann essen alle Gäste zum halben Preis.

servitengasse 6, www.suppenwirtschaft.at, telefon: 01 3176745, geöffnet: mo-fr 11.30-18.00, happy hour 17.00-18.00, preis: suppe 4,80 €, u-bahn: rossauer lände

(6) Die Inneneinrichtung des **Porzellan** ist in edlem Cremeweiß gehalten und die Tische sind festlich eingedeckt. Das Essen in diesem Café-Restaurant ist wirklich etwas Besonderes und die Preise sind – glücklicherweise – moderat. Der Küchenchef zaubert raffinierte Varianten klassischer Gerichte wie Thunfischcarpaccio mit einer Marinade aus Orangenschalen.

servitengasse 2, www.porzellan-lounge.at, telefon: 01 3156363, geöffnet: mo-sa 10.45-24.00, so 9.00-24.00, preis: carpaccio 9 €, u-bahn: rossauer lände

(13) Das **Flein** liegt in dem frei stehenden historischen Küchengebäude des Schlosses, in dem heute auch das Französische Kulturinstitut seine Räume hat. In dem gemütlich-kleinen Restaurant mit nostalgischem Holzboden werden täglich wechselnde und – natürlich – französisch angehauchte Gerichte serviert. Es schmeckt hervorragend! Zu empfehlen sind unter anderem das Lammfilet mit Risotto oder die Spinatknödel mit Parmesan.

boltzmanngasse 2, telefon: 01 3197689, geöffnet: mo-fr 11.30-15.00 und 17.30-23.30, preis: 11 €, u-bahn: währinger straße

④ SUPPENWIRTSCHAFT

(17) Durch eine aufwendige Renovierung hat das **Café Landtmann** viel von seinem nostalgischen Charme eingebüßt, dennoch bleibt es ein beliebter Treffpunkt für Politiker sowie Schauspieler des benachbarten Burgtheaters. Sigmund Freud war hier Stammgast, seine Leibspeise: Kaffee mit Gugelhupf. Von dem großen Wintergarten hat man eine wunderbare Aussicht auf den Rathausplatz. Lust auf einen Gugelhupf? Den gibt's noch immer ...
doktor-karl-lueger-ring 4, www.landtmann.at, telefon: 01 24100100, geöffnet: täglich 7.30-0.00, preis: melange 4,40 €, u-bahn: herrengasse

(19) Im **Café der Provinz** fühlt man sich wie in einem echten französischen Dorfcafé. Die Atmosphäre ist angenehm locker, und auf der Karte stehen viele Köstlichkeiten wie frische Crêpes, ausschließlich aus biologischen Zutaten zubereitet. Hier kommt noch der Eiermann mit dem Fahrrad vorbei, um seine Waren höchstpersönlich abzuliefern! Das Café der Provinz bietet auch eine umfangreiche Teekarte, und an den Wochenenden gibt es ein ausgiebiges Frühstücksbuffet.
maria-treu-gasse 3, www.cafederprovinz.at, telefon: 01 9442272, geöffnet: täglich 8.00-23.00, preis: crêpe 4 €, u-bahn: rathaus

(20) Die Pizzen kommen im gemütlichen **Il Sestante** direkt aus dem Steinofen. Wenn es voll ist, wartet man bisweilen etwas länger auf sein Essen. Dann bietet der Besitzer seinen Gästen neben einer Entschuldigung auch ein Glas Prosecco an. Da drückt man doch ein Auge zu! Bei schönem Wetter sitzt man draußen auf dem Platz mit der wundervollen Piaristenkirche.
piaristengasse 50, telefon: 01 4029894, geöffnet: täglich 11.30-23.30, preis:10 €, u-bahn: rathaus

(23) In dem kleinen italienischen Café **Hold** hat die Küche durchgehend ge- öffnet, serviert werden einfache Gerichte. Das Tagesmenü steht auf einer Tafel neben der offenen Küche. Für den kleinen Hunger zwischendurch bestellt man am besten ein Stück Kuchen oder Tiramisu mit einem extra- starken Espresso. Abends trifft man sich im Hold auf ein Glas Chianti. Eben echt italienisch.
josefstädter straße 50, telefon: 01 4051198, geöffnet: mo-fr 8.00-23.00, sa 9.00-23.00, preis: lunch 8 €, u-bahn: josefstädter straße

(24) Das **Café Florianihof** ist ein quirliges Wiener Kaffeehaus mit eleganter Jugendstileinrichtung. Die Karte wirkt etwas konfus, aber die Gerichte sind lecker und preiswert. Angenehm: Die Bedienung ist sehr freundlich.
florianigasse 45, www.florianihof.at, telefon: 01 4024842, geöffnet: mo-fr 7.30-22.30, sa-so 9.00-19.00, preis: zwei-gänge-menü 7 €, u-bahn: josefstädter straße

(25) Das **Más!** ist ein Garant für einen netten Abend. In dem mexikanischen Restaurant ist es immer voll. Kein Wunder, denn das Essen und die Cocktails sind hervorragend, die lateinamerikanische Musik stimmt fröhlich und die Bedienung ist zuvorkommend. Platz nehmen kann man an der Bar oder an einem der Tische. Sonntags gibt es Frühstück.
Laudongasse 36, www.restaurante-mas.at, telefon: 01 4038324, geöffnet: mo-sa 18.00-2.00, so 10.00-24.00, preis: 10 €, u-bahn: josefstädter straße

(26) Als Karl Hummel dieses Café im Jahr 1935 übernahm, wusste er: Er würde daraus ein Café machen, das man so leicht nicht mehr vergisst. Inzwischen hat seine Enkelin die Leitung im **Café Hummel** übernommen, und das Lokal ist zu einer festen Größe im Viertel geworden. Zu den Gästen gehört ein bunter Mix aus Studenten, Opas mit ihren Enkeln, Familien und ganzen Freundeskreisen. Alle werden vom Ober im steifen Frack freundlich bedient. Die Karte ist typisch österreichisch. Im Sommer sitzt man herrlich auf der schönen Terrasse unter großen Bäumen.
josefstädter straße 66, www.cafehummel.at, telefon: 01 4055314, geöffnet: mo-sa 7.00-24.00, so 8.00-24.00, preis: melange 3,20 €, u-bahn: josefstädter straße

(27) Im **Etap** schmeckt alles nach Türkei. Viele Wiener Türken treffen sich hier zum Backgammon bei einer Tasse Tee. Die Gäste sitzen in dem großen, festlichen Saal oder bei gutem Wetter im Innenhof und genießen die osmanisch-türkischen Spezialitäten (*halal*). Regelmäßig finden an den Wochenenden Musikauftritte statt. Die Küche ist bis Mitternacht geöffnet.
neulerchenfelder straße 13, www.etap-restaurant.at, telefon: 01 4060478, geöffnet: mo-do, so 8.00-2.00, fr und sa 8.00-4.00, preis: 9 €, u-bahn: josefstädter straße

CAFÉ FLORIANIHOF (24)

30 Am Yppenplatz hat sich in einem der umgebauten Marktstände das **Muskat** niedergelassen, ein gemütliches Café. Hier kann man den ganzen Nachmittag sein Lieblingsbuch lesen, das man entweder selbst mitbringt oder einfach aus dem Bücherregal im Café zieht. Es gibt auch eine kleine vegetarische Karte. Ein wunderbarer Tipp für verregnete Tage!
brunnenmarkt marktplatz 154, www.muskat.at, telefon: 01 4059496, geöffnet: di-fr 11.00-22.00, sa 9.00-15.00, preis: melange 2,80 €, u-bahn: josefstädter straße

31 Die großen Fenster vom Restaurant **Wetter** erinnern noch an den Wasch-salon, der sich hier einst befand. Die Einrichtung ist nüchtern-schlicht mit ein paar dekorativen Akzenten wie den mit Kissen übersäten Fensterbänken und den mit Texten verzierten Tischplatten. Gekocht wird original italienisch und die handgeschriebene Karte wechselt täglich.
payergasse 13, telefon: 01 4060775, geöffnet: di-fr 17.00-24.00, sa 10.00-24.00, preis: 10 €, u-bahn: josefstädter straße

32 Bis zum Meer ist es eigentlich ziemlich weit. Trotzdem gibt es einige Lokale, in denen bestes Seafood serviert wird. Eines davon ist das **An-Do Fisch**. Das große, gemütlich eingerichtete Restaurant lockt täglich mit frischen Fischgerichten wie Seebarsch in Meersalz. Aber auch die Riesengarnelen sind ein Hochgenuss. Es gibt eine große Weinkarte, auf der natürlich haupt-sächlich Weißweine stehen. Vom Feinsten!
yppenmarkt stand 40, www.andofisch.at, telefon: 01 3087576, geöffnet: mo-sa 11.00-23.00, preis: 19 €, u-bahn: josefstädter straße

33 Im **Rasouli**, einem kleinen Speiselokal auf dem angesagten Yppenplatz, gibt es wunderbare Suppen, Frühstücksarrangements und Desserts. Die Gerichte sind einfach (Birchermüsli, Frenchtoast), schmecken aber hervor-ragend und werden aus biologischen Zutaten zubereitet. Basic, gut und von allen geschätzt.
payergasse 12, www.rasouli.at, telefon: 01 4031347, geöffnet: di-fr 9.30-24.00, sa 9.00-24.00, so 11.00-19.00, preis: suppe 4 €, u-bahn: josefstädter straße

Shoppen

(5) Schokoladenliebhaber sind bei der **Xocolat Manufaktur** genau an
der richtigen Adresse. Hier haben sie die Qual der Wahl aus über hundert
verschiedenen Sorten Schokolade – alle hausgemacht. Das Angebot reicht
vom klassischen Bitterschokoladenriegel bis hin zu ausgefallenen Schoko-
Varianten mit Lavendel oder Basilikum. Am Wochenende werden Schokoladen-
workshops organisiert (Reservierung erforderlich).
*servitengasse 5, telefon: 01 3100020, geöffnet: mo-fr 10.00-18.00, sa
10.00-17.00 , u-bahn: rossauer lände*

(7) Das Blumengeschäft **Zweigstelle** mit seinen beiden bunten Blumen-
kübeln vor der Tür und dem kunstvoll gestalteten Schaufenster kann man
nicht übersehen. Die Floristen sind wahre Künstler. Aus seltenen exotischen
Blumen zaubern sie überraschende Kunstwerke mit Sti(e)l.
*porzellangasse 4, www.zweigstelle.com, telefon: 01 3156698, geöffnet:
mo-fr 9.00-19.00, sa 9.00-17.00, u-bahn: rossauer lände*

(9) Im Stadtteil Alsergrund haben viele Franzosen eine neue Heimat gefunden.
Entsprechend groß ist das Angebot an französischen Geschäften, von denen
eines das **Anne Morel** ist. Die charmante Besitzerin verkauft hier kultige
Damenschuhe, Taschen und Schmuck von Marken wie Palladium, Kickers und
Jack Gomme. Ein Muss für alle Schuh-Maniacs!
*liechtensteinstraße 38, www.annemorel.at, telefon: 01 3176602, geöffnet:
mo 13.00-18.00, di-fr 10.00-18.00, sa 10.00-13.00, u-bahn: friedensbrücke*

(10) Das **Nanou** verlässt man selten mit leeren Händen. Was darf es heute
sein? Die rot gepunktete Kinderschürze oder eine französische Designer-
tasche, ein farbiges Armband oder ein lustiges Kinderservice? Der Laden ist
zwar groß, aber fast schon zu klein für all die schönen Dinge, die es hier zu
entdecken gibt. An der Kasse locken nostalgische Kaugummikugeln und
Blechdosen mit Pfefferminz.
*porzellangasse 31a, www.nanou.at, telefon: 01 3151079, geöffnet: mo-di
und do-fr 10.00-14.00 und 15.00-18.00, mi 14.00-18.00, sa 10.00-14.00,
u-bahn: friedensbrücke*

XOCOLAT MANUFAKTUR ⑤

㉙ Das Erste, was man sieht, wenn man vom Brunnenmarkt auf den Yppenplatz tritt, ist das Delikatessengeschäft **Staud's**. Die Regale sind gefüllt mit Dutzenden verschiedenster Chutneys, Konfitüren und eingelegtem Gemüse – alles aus eigener Herstellung. Ein Eldorado für Feinschmecker! *brunnenmarkt, www.stauds.com , telefon: 01 40688050, geöffnet: di-sa 8.00-12.30, fr auch 15.30-18.00, u-bahn: josefstädter straße*

100 % there

(1) Wer mal am Donaukanal entlangspazieren möchte, der sollte ins Rossauer Lände. In den heißen Sommermonaten findet hier das **Summer Stage** statt: Die besten Restaurants der Gegend bauen dann eigene Pavillons auf und es werden Konzerte veranstaltet. Ansonsten ist das Gelände ein beliebter Treffpunkt für junge Leute: Man sitzt am Wasser auf der großen Terrasse oder spielt eine Runde Beachvolleyball.
rossauer Lände, www.summerstage.co.at, telefon: 01 31966440, geöffnet: mai-sept. mo-sa 17.00-1.00, so 15.00-1.00, u-bahn: rossauer lände

(12) Die **Strudlhofstiege** aus dem Jahr 1910 ist ein Paradebeispiel einer Jugendstilanlage. Im Jahr 1951 wurde die geschwungene Treppe mit dem Brunnen berühmt, als der österreichische Schriftsteller Heimito von Doderer einen Roman und ein Gedicht nach ihnen benannte. Das Gedicht steht auf einer Tafel am Fuße der Treppe.
strudlhofgasse, u-bahn: rossauer lände

(14) Es macht immer wieder Spaß, über einen **Universitätscampus** zu schlendern. Der Wiener Campus befindet sich auf einem ehemaligen Krankenhausgelände und umfasst viele kleine Innenhöfe. In den Gebäuden werden Vorlesungen aus nicht weniger als 16 verschiedenen Fakultäten gehalten. Die Stimmung ist gemütlich-gelassen, vor allem in den vielen Bars und Restaurants auf dem Gelände. Im Dezember gibt es hier einen stimmungsvollen Weihnachtsmarkt.
sensengasse/spitalgasse, u-bahn: alser straße

(22) Das **Theater in der Josefstadt** aus dem Jahr 1788 ist das älteste Theater Wiens, in dem noch heute Vorstellungen stattfinden. Das klassische Interieur in Rot und Gold mit den stilvollen Kristallkronleuchtern atmet den Geist der Vergangenheit. Beethoven und Wagner dirigierten hier ihre Werke.
josefstädter straße 26, www.josefstadt.org, telefon: 01 42700300, geöffnet: mo-fr ab 10.00, sa-so ab 13.00 bis zum vorstellungsbeginn, u-bahn: rathaus

UNIVERSITÄTSCAMPUS ⑭

㉘ Der **Brunnenmarkt** ist der zweitgrößte Markt in Wien. Da ein großer Teil der Viertelbewohner türkischer oder griechischer Abstammung ist, gibt es auf dem Markt auch entsprechend viele bunte und exotische Marktstände. Der Markt verdankt seinen Namen dem Brunnen, der hier angelegt wurde, als 1786 Wasser von den kaiserlichen Wasserleitungen abgezapft werden durfte. Gegen Ende des Markttages fallen die Preise für Obst und Gemüse. *www.einkaufsstrassen.at/brunnenmarkt, geöffnet: markt mo-fr 6.00-19.30, sa 6.00-17.00, u-bahn: josefstädter straße*

Alsergrund, Josefstadt & Ottakring

Beginn: U-Bahn-Station Rossauer Lände. Gehen Sie rechts am Donaukanal entlang (1). Dann die zweite Straße rechts und die zweite links. Sie sind nun in der Servitengasse (2) (3) (4) (5) (6). Bei der Kreuzung liegt rechts ein Blumengeschäft (7). Wenn Sie die Kreuzung schräg rechts überqueren liegt in der Berggasse das Freud Museum (8). Hinter dem Museum nach rechts in die Liechtensteinstraße. Nach dem französischen Laden (9) geht's wieder rechts in die Porzellangasse. Gehen Sie nach links an dem Laden (10) vorbei und wieder links am Palais Liechtenstein (11) entlang. Dann rechts und die erste Straße links, die Treppe hinauf (12). In der Boltzmanngasse biegen Sie links ab (13). Gehen Sie auf der Währinger Straße schräg geradeaus in die Sensengasse. Hier geht's nach 200 Metern links auf den Universitätscampus (14). Nehmen Sie den Ausgang an der Thavonatgasse und gehen Sie durch den kleinen Park zur Frankgasse. Gehen Sie rechts an der großen Kirche vorbei (15), überqueren Sie die Universitätsstraße und biegen Sie rechts auf den Ring (Universität) (16) (17). Sie kommen zum Rathaus (18). Gehen Sie rechts halb um das Gebäude herum und dann links durch die Innenhöfe. Biegen Sie rechts ab. Danach schräg rechts in die Schmidgasse. Folgen Sie der Straße bis zur Langen Gasse. Biegen Sie hier rechts und sofort danach links ab, an einem französischen Café (19) und einem italienischen Restaurant (20) vorbei. Auf dem Platz mit der Piaristenkirche (21) biegen Sie links ab und gehen geradeaus bis zur Josefstädter Straße. Links zum Theater (22) oder sofort rechts und hinter dem Hold (23) wieder rechts in die Kupkagasse. Am Ende rechts und sofort wieder links: Café Florianihof (24). Biegen Sie links ab in die Florianigasse bis zur Skodagasse. Lust auf mexikanisches Essen? Dazu zweimal rechts abbiegen (25). Ansonsten gehen Sie nach links über die Skodagasse zurück zur Josefstädter Straße, wo Sie bei einem österreichischen Café (26) rechts abbiegen. Gehen Sie bis zum Gürtel, überqueren Sie ihn schräg nach links und gehen Sie in die Neulerchenfelder Straße. Hinter dem türkischen Restaurant (27) biegen Sie rechts zum Markt (28). Am Ende des Marktes liegt der Yppenplatz (29) (30) (31) (32) (33). In der Nähe liegt die U-Bahn-Station Josefstädter Straße.

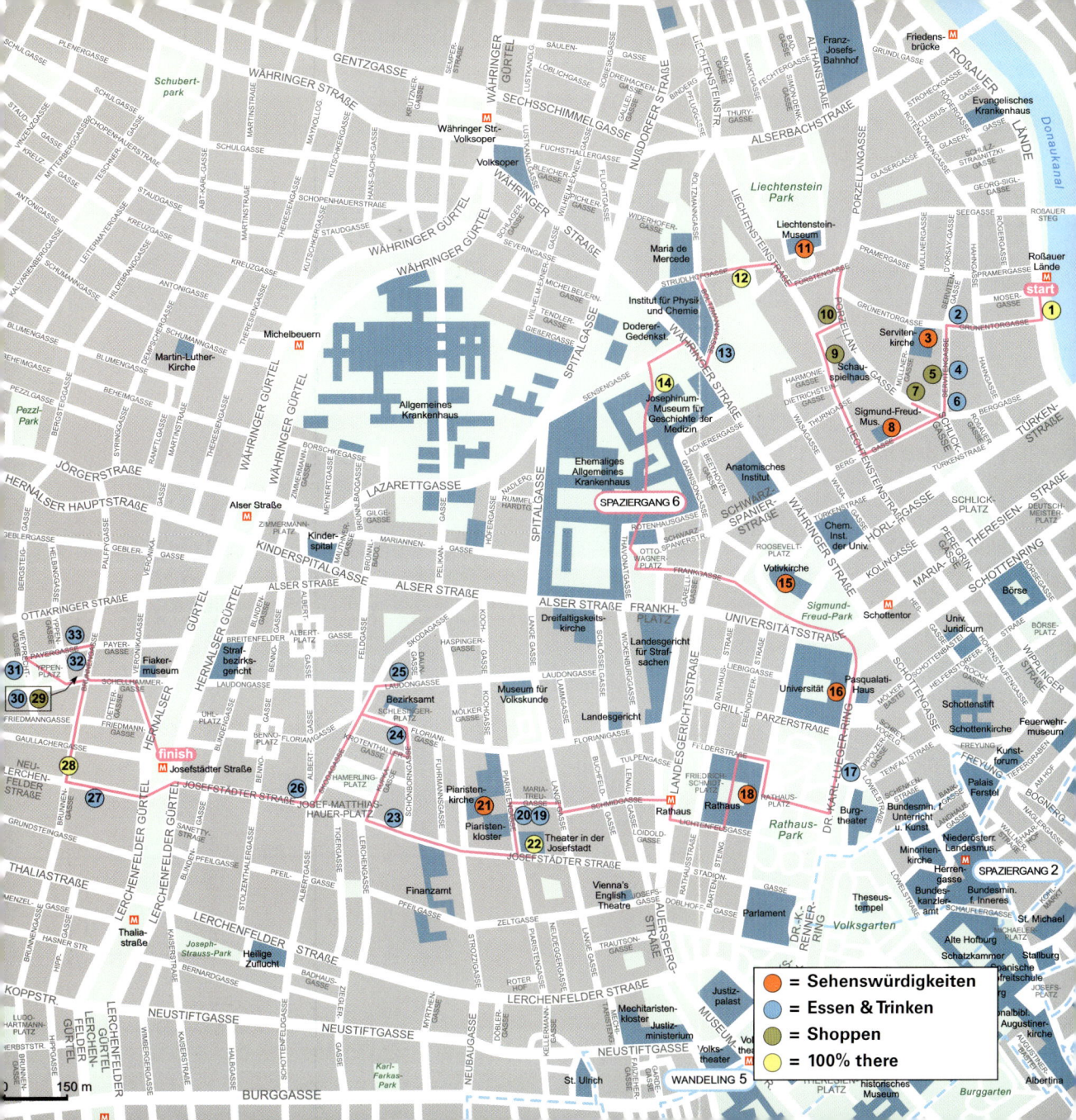

Weitere Sehenswürdigkeiten

Die Spaziergänge in diesem Buch führen Sie zu den wichtigsten Sehenswürdigkeiten Wiens, doch auch außerhalb des Zentrums gibt es interessante Plätze. Alle sind mit Straßenbahn, Bus oder U-Bahn zu erreichen und mit den jeweiligen Buchstaben auf der Karte am Anfang dieses Buches eingetragen.

(L) **Schloss Schönbrunn** ist die Sommerresidenz von Kaiser Franz Joseph und Kaiserin Sissi. Dieses bombastische Rokokoschloss zählt 1441 Zimmer. Fünfzig davon kann man besichtigen – zum Beispiel das Vieux-Lacque-Zimmer mit kostbaren asiatischen Lacktafeln oder den imposanten Spiegelsaal, in dem Mozart als Sechsjähriger auftrat. Das Schloss ist von einzigartigen Gärten umgeben. Hier liegt auch der älteste Zoo der Welt, in dem drei der nur sechs Pandas in Europa zu Hause sind.
schönbrunner schlossstraße 47, www.schoenbrunn.at, telefon: 01 811130, geöffnet: täglich apr.-juni und sept.-okt. 8.30-17.00, juli-aug. 8.30-18.00, nov.-märz 8.30-16.30, eintritt: ab 10,50 €, u-bahn: schönbrunn

(M) **Grinzing** ist ein idyllisches kleines Dorf mit malerischen Häuschen am Stadtrand von Wien. Bekannt ist es vor allem für seine Heurigen (Weinstuben), in denen Winzer ihre eigenen Weine verkaufen. Zum Essen nimmt man an langen Holztischen im Garten oder Innenhof Platz und bedient sich am Büffet. Bei manchen Winzern trägt die Bedienung noch traditionelle österreichische Tracht.
straßenbahn: 38 grinzing

(N) Von Grinzing aus fährt man am besten mit dem Bus zum **Kahlenberg**. Ein langer gewundener Pfad führt auf das Gipfelplateau, von dem aus sich ein wunderbarer Blick über Wien eröffnet.
bus: 38a kahlenberg

(O) In Wien gibt es zahlreiche Freibäder, die von April bis Mitte September geöffnet sind. Das zweifellos schönste von ihnen ist das **Krapfenwaldbad**. Das über 4 ha große Gelände liegt ganz traumhaft auf einem Hügel. Es gibt mehrere Becken, einen großen Spielplatz und eine riesige Liegewiese. Vom Freibad aus blickt man über die ganze Stadt.

krapfenwaldgasse 65-73, http://www.wien.gv.at/freizeit/baeder/uebersicht/ sommerbaeder/krapfenwaldlbad.html, telefon: 01 3201501, geöffnet: mai-mitte sept. mo-fr 9.00-19.00, sa & so 8.00-19.00 (mitte mai-aug. bis 20.00), eintritt: 4,70 €, bus: 38a kahlenberg

(P) Auf dem **Zentralfriedhof** liegen über drei Millionen Menschen begraben, was den Friedhof zum größten ganz Europas macht. Hier finden sich beeindruckende Grabmale berühmter Persönlichkeiten wie Beethoven, Schubert, Johann Strauss, Brahms und Falco. Auf dem riesigen Gelände steht außerdem eine hübsche Jugendstilkirche. Einen Lageplan erhält man beim Friedhofswärter am Haupteingang (Tor 2).

simmeringer hauptstraße 234, geöffnet: täglich nov.-febr. 8.00-17.00, märz-apr. und sept.-okt. 7.00-18.00, mai-aug. 7.00-20.00, straßenbahn: 71 zentralfriedhof

(Q) In den Wäldern des ehemaligen Jagdreviers Lainzer Tiergarten liegt das idyllische Landhaus von Kaiserin Sissi. Kaiser Franz Joseph ließ es zwischen 1882 und 1886 für sie in der Hoffnung erbauen, seine reiselustige Frau würde dann häufiger zu Hause bleiben. Heute nutzt das Wien Museum die wunderbare **Hermesvilla** für Ausstellungen. Aber auch die Gemächer des berühmten Kaiserpaars können besichtigt werden.

lainzer tiergarten/hermesstraße, www.wienmuseum.at, telefon: 01 8041324, geöffnet: apr.-okt. di-so 10.00-18.00, eintritt: 5 €, erster so im monat frei, bus: 60b lainzer tor

(R) Der **Prater**, eine drei Kilometer lange Parklandschaft, ist bei schönem Wetter äußerst beliebt. Hier befindet sich auch das Ernst Happel Stadion, in dem die österreichische Fußballnationalmannschaft ihre Gäste empfängt. Im Westen des Parks lockt der Wurstelprater, ein großer Vergnügungspark mit dem berühmten Wiener Wahrzeichen, dem Riesenrad. 1897 erbaut, drehen die 15 knarzenden Gondeln auch heute noch ihre Runden.

u-bahn: praterstern

Ausgehen

Das Wiener Nachtleben hat jedem etwas zu bieten – von der gemütlichen Kneipe, in der man in aller Ruhe ein Bierchen trinken kann, über die trendy Cocktailbar bis hin zum Szene-Nachtclub. Oder wie wäre es mit einem Besuch im Jazzclub oder einem klassischen Konzert in einem historischen Konzertsaal? Auf *www.vienna.info* und *www.falter.at* erfahren Sie, was in Wien gerade los ist. Und auf *www.viennaticketoffice.com* können Sie bequem von zu Hause aus Karten für eine Vorstellung oder ein Konzert bestellen. Ein kleiner Tipp: Die Österreicher legen viel Wert auf ein gepflegtes Äußeres, wenn sie abends ausgehen. Herren in Jeans und T-Shirt wird in manchen Clubs der Zutritt verweigert.

Hier folgt eine Auswahl beliebter Locations. Eintrittspreise werden nicht aufgeführt, denn sie richten sich meist danach, welcher DJ bzw. welche Band auftritt. Die Buchstaben entsprechen den Eintragungen in der Übersichtskarte am Anfang dieses Buches.

(S) Fans lateinamerikanischer Rhythmen kommen im **Floridita** auf ihre Kosten. In dieser sensationellen kubanischen Dancebar stehen über hundert Cocktails auf der Karte, und regelmäßig spielen Salsa- und Merenguebands. Oft sind erfahrene Tänzer und Tänzerinnen auf der Tanzfläche, die den Gästen zeigen, wie es richtig geht ....
johannesgasse 3, www.floridita.at, telefon: 01 5139162, geöffnet: täglich 19.00-spät, u-bahn: stephansplatz

(T) In dem Schloss, in dem vor rund zweihundert Jahren Amadeus Mozart sein erstes Klavierkonzert gab, befindet sich heute der **Palffy Club**. Erst vor Kurzem eröffnet, haben die partyfreudigen Wiener diesen ultimativen Luxusclub schnell für sich entdeckt. Hier kann man an der Bar Cocktails trinken, in der Lounge chillen oder sich auf der Tanzfläche unter dem mit 80.000 Swarovski-Kristallen verzierten Kronleuchter so richtig verausgaben. Jeden Samstag gibt es Saturday Night Fever.
josefsplatz 6, www.palffyclub.at, telefon: 01 5134118, geöffnet: do-sa ab 22.00, u-bahn: herrengasse

(U) In einem ehemaligen Pornokino befindet sich heute der relaxte Jazzclub **Porgy & Bess**, die mit Abstand beste Jazz- und Blueslocation der Stadt. Die Gäste sitzen bei Essen und Trinken auf zwei Etagen – mit Blick auf die Bühne. Nach den Konzerten legen häufig DJs auf. Rechtzeitig Karten sichern!
riemergasse 11, www.porgy.at, telefon: 01 5128811, geöffnet: täglich 20.00-spät, u-bahn: stubentor

(V) Das Bermuda Dreieck, der Nightlife-Hotspot Wiens, liegt zwischen Stephansdom und U-Bahn-Station Schwedenplatz. Mittendrin: das **First Floor** mit der langen Bar und dem Aquarium dahinter. In den dunklen Ecken wappnen sich Pärchen und Partygänger für eine lange Party-Nacht.
seitenstettengasse 5, telefon: 01 5332523, geöffnet: mo-sa 19.00-4.00, so 20.00-3.00, u-bahn: schwedenplatz

(W) Wo früher Straßenbahnschienen lagen, befindet sich heute der beliebte Club **Flex**. Kleine Bands, aber auch große Namen der Dance-Szene treten hier auf. Die Soundanlage ist die größte und beste ganz Wiens. Die Musik variiert von Alternative Rock bis Elektro. Wer der Enge und Hitze kurz entkommen möchte, kann draußen am Donaukanal frische Luft schnappen.
donaukanal/augartenbrücke, www.flex.at, telefon: 01 5337525, geöffnet: täglich 20.00-4.00, u-bahn: schottenring

(X) Die **Passage** liegt in einem ehemaligen U-Bahn-Tunnel, der in einen riesigen unterirdischen Nachtclub verwandelt wurde. Das Interieur ist weiß, die Beleuchtung spektakulär. An Wochenenden wird House- und Clubmusik gespielt, dienstags sind Diskoklassiker an der Reihe. Wermutstropfen: die lange Schlange vor der Tür und die hohen Preise.
burgring/ecke babenbergerstraße, www.sunshine.at, telefon: 01 9618800, geöffnet: di-mi 20.00-4.00, do 21.00-4.00, fr-sa 22.00-6.00, u-bahn: volkstheater

(Y) Das **Chelsea**, der Underground-Musiktempel Wiens, liegt unter den U-Bahn-Gleisen. Das Backsteingewölbe lässt die Riesen-Lautsprecher noch besser zur Geltung kommen. Auf dem Programm stehen viele englische Bands. Auch ohne Auftritte sind die vier Bars auf der Tanzfläche geöffnet.
lerchenfelder gürtel u-bahnbögen 29-32, www.chelsea.co.at, telefon: 01 4079309, geöffnet: täglich 18.00-4.00, u-bahn: thaliastraße

Ⓩ Im modernen, großzügig bemessenen **Freiraum** nehmen die Gäste in gelben Sofas oder an hohen Bartischen Platz. Diese große Bar ist der ideale Ort für einen gemütlichen Drink am Nachmittag oder Abend. Die Stimmung ist ungezwungen und auf eine Kleidervorschrift wurde bewusst verzichtet. Es werden auch Speisen serviert. Die umfangreiche und vielfältige Karte reicht von Pizza über japanische Grillspezialitäten und gefüllte Pitas bis hin zum Schnitzel. Die meisten Wiener aber kommen nur auf ein Getränk vorbei. Probieren Sie einen der vielen Lassis, Smoothies oder Cocktails. Sehenswert sind die originell gestalteten Toiletten.

mariahilfer straße 117, www.freiraum117.at, telefon: 01 5969600, geöffnet: mo-mi 8.00-2.00, do-sa 8.00-4.00, so 8.00-2.00, u-bahn: westbahnhof

Alphabetischer Index

Thematischer Index

shoppen

DIE 100% CITYGUIDES.

Dieser 100 %-Guide wurde mit größter Sorgfalt zusammengestellt. Mo Media ist nicht verantwortlich für eventuelle inhaltliche Fehler. Anmerkungen und/ oder Kommentare können unter www.100travel.de mitgeteilt oder an die unten stehende Adresse gerichtet werden.

mo media gmbh, betr. 100 % wien,
steinstraße 15, 10119 berlin,
e-mail info@momedia.com

autor	chantal de hommel
koautoren	wouter pronk, katrien verhoeven
fotografie	marjolein den hartog,
	s. 13 sofitel vienna stefansdom,
	s. 78 chantal de hommel, s. 98 lutz - die bar
übersetzung	textcase
lektorat	ulrike grafberger
schlussredaktion	caroline kazianka (für bookwerk)
konzeptgestaltung	studio 100%
gestaltung	mastercolors mediafactory
kartografie	van oort redactie en kartografie

100 % wien   isbn 978-39-4350-212-1
© mo media, berlin, märz 2012,